奧修談清靜經（上）

Tao: The Golden Gate Vol. 1

奧修(OSHO)著
李奕廷(Vivek)譯

旗開出版社

目錄

譯者序

《清靜經》的全名是《太上老君說常清靜妙經》，據說是三國時代的葛玄所著作，現今收錄在《道藏》的洞神部，全部經文不足四百字。清靜經對於道家的重要性就如同心經對於佛教的重要性，但是相較之下，坊間很少看到談論清靜經的書籍，一方面而言，這是一種純粹，它仍保持不受污染的；另一方面而言，也是一種不完整，因為透過它，也許會有更多人得到幫助。

一切都是從『道』開始的，每個人都是道的一部分，樹木、小鳥、魚兒甚至於一粒小石頭都是道的一部分。但是漸漸地，人越來越遠離道，因為慾望的驅使、情緒的驅使、感受的驅使，它們變成了主人，變成了習慣，變成了離不開的影子。但現在人已經受夠了，不再避開這些，鼓起勇氣去面對，開始思考如何停止這一切，做出各種努力⋯。於是一個向內看的旅程開始了，慢慢的，慢慢的，發現到慾望、情緒和感受一直來來去去，但是本性始終如如不動；透過這個了解，同樣地，往外看，發現到萬物外形的無常，一切都在不斷的改變。會有一個片刻來到，然後那個認同的枷鎖開始斷裂、那個表面的世界開始崩陷⋯

清靜經序

仙人葛翁曰：

吾得眞道，曾誦此經萬遍。

此經是天人所習，不傳下士。

吾昔受之於東華帝君，東華帝君受之於金闕帝君，金闕帝君受之於西王母。

西王一線乃口口相傳，不記文字。

吾今於世，書而錄之。

上士悟之，昇為天仙；

中士修之，南宮列官；

下士得之，在世長年。

遊行三界，昇入金門。

第一章
只是一個空的通道

令人尊敬的師父說：

偉大的道是沒有形體的，然而它孕育和產生了天與地。

偉大的道是沒有情欲的，然而它使太陽與月亮在它們的軌道上運行。

偉大的道是沒有名字的，然而它持續地使萬物生長。

我不知道它的名字，但為了敘述，我稱呼它為道。

《原經文》

老君曰：

大道無形，生育天地。

大道無情，運行日月。

大道無名，長養萬物。

吾不知其名，強名曰道。

清靜經是其中一個對自然最深奧的洞見。我稱它為洞見，不是教條，不是哲學，不是宗教，因為它完全和智力無關；它是存在性的。談論它的人不是透過頭腦來談，也不是以他自己來談；他只是一個空的通道，存在透過他說了些事情。

那就是偉大的神祕家如何生活和談論的方式。這些不是他們的話——他們不再存在。他們很久以前就消失了；那是透過他們的完整傾吐。他們的表情可能不同，但源頭是一樣的。耶穌、查拉圖斯特拉、佛陀、老子、克理虛納、穆罕默德等人的話語不是一般的話語；那不是來自他們的記憶，而是來自他們的體驗。他們已經體驗過神性，就在你體驗到神性的那一剎那間，你就消失了，你無法再存在。為了成為神，你必須一死。

這是道家的洞見。道是神的另一個名字。比神還要美，因為神這個字已經被教士利用得太過分了，他們剝削神這個名字已經太久了，以致於神這個字受到了污染——變得很噁心。任何聰明的人一定會避開它，因為那會使他想起，自古以來以神之名、以宗教之名而發生在這個星球上的所有胡扯。以神之名所造成的傷害比用其他的名字造成的傷害還要多。

就這方面而言，道擁有無窮的美。因為你無法崇拜道，道沒有帶給你人的概念。它只是法則，不是個人。你無法崇拜法則——你無法對道祈禱。那會看起來很可笑，對一個法則祈禱是完全地荒謬。你不會對重力祈禱，你不會對相對論祈禱。

道只是意味著控制整個存在的基本法則。存在不是一團混沌，這是可以確定的；它是個宇宙。裡面有廣大無邊的秩序，固有的秩序，那個秩序的名字就是道。道只是意味著整體的和諧。沒有任何寺廟、雕像、祈禱文、牧師、儀式是為了道而設立的——那是它的美。因此我不把它稱為教條或宗教，它是純粹的洞見。你可以稱它為達摩；那是佛陀用的字。英文中最接近道的字是「自然」。

這個深奧的洞見也是其中一本曾經被寫下來的最短的著作。它如此的精要——就像百萬朵玫瑰被濃縮成一滴香水。那是古代表示真理的方式：因為書不存在，人們必須記住它。

據說這是第一本被寫下來的奧秘著作。它不是很像書，不超過一頁半，但在寫下來之前，它已經存在了數千年。它透過隱密的和私人的口口相傳。那一直是傳遞真理的最重要的方式。把它寫下來會造成困難，因為無法知道誰會去讀它；那會失去了私人的接觸和聯繫。

在埃及、印度和中國，在所有的古文明中，數千年來神秘的訊息從某一個人傳給另一個人，從師父傳給弟子。而且只有當弟子準備好了，或者當弟子已經可以領悟了，師父才會說這些訊息。否則這些訊息會造成腹瀉，而它們也真的造成了腹瀉——我們的年代因此受到很大的傷害。好幾世紀以來，神祕家都拒絕寫下他們的洞見。

這是第一本被寫下的著作；那是它的重要性。使人類的意識有顯著的改變，一個後來被證明是很重要的改變，因為雖然透過個人對個人的、直接的口口相傳是如此的美，但訊息卻無法傳達給許多人；很多人注定會錯過。是的，它不會傳給不適合的人，但也會有很多適合的人無法得到。一個人應該考慮可以傳達給多少適合的人，而不是是否會傳達給錯誤的人。無論這些深奧的洞見會不會傳達，不適合的人終將不適合，但適合的人將會錯過某些可以轉變他們存在的東西。

葛玄，寫下這本書的人，劃下了人類意識的里程碑。他了解書面文字的幫助，他知道那個危險。在經序中，他說：「在寫下這些訊息之前，我考慮了一萬次是否要寫下來，因為我是在採取一個危險的舉動。」之前沒有人有這樣的勇氣。

葛玄的年代晚於老子、莊子和列子。即使他們也沒寫下任何東西；他們的訊息都被他們的弟子記住。只有到了葛玄，才有這樣危險的舉動。但是他也說：「我考慮了一萬次，」因為那是不尋常的。歷史上，在那以前，沒有師父大膽到寫下任何東西，只是為了避開不適合的人。

即使是佛陀，在說任何話之前，也考慮了七天之久。在他成道後的七天是保持沉默的。猶豫著是否要說或不說。問題在於：那些不能了解的，對他們說這樣深奧的洞見有什麼意義？他們會誤解，錯誤的解釋，他們會危害那些訊息。而不是讓那些訊息治療他們，他們會損害訊息——他們會依自己的頭腦和偏見操縱那些訊息。讓那些愚蠢的、平凡的人汙染這些訊息是否適合？

佛陀在猶豫，非常猶豫。是的，他也考慮到少數可以了解的人，但是他也想到：「那些可以了解我的話的人也將能靠自己找到真理，因為他們不會是一般人，他們是具有高等智慧的人，因而才可能了解到我對他們說的。如果他們能了解我的話，他們也會找到自己的方法，他們可以靠自己得到真理，何必擔心他們？也許花費的時間會長一點。那又如何？——因為存在是永恆的，不是短暫的。但是這些訊息，一旦傳給不適合的人，將會永遠腐爛掉。」即使只是談論，他也在猶豫。

我可以了解葛玄為什麼考慮了一萬次——是否要寫下來——因為當你對人們說了些東西，如果他們是愚蠢的人們，他們注定很快就會忘記。如果他們是普通人，他們甚至不會想要聽；他們不在乎。但如果寫下來，他們會去讀它，研究它；然後它會變成他們學校裡的一部分，愚蠢的學者會去思考它，然後寫下偉大的學術論文。什麼都不知道的人們會談論它好幾世紀，在那些學者造成的影響中，真理會錯過——他們會去贊成或反對。

據說有一個魔鬼的門徒趕著去見魔鬼，他說：「你坐在這棵樹下做什麼？你沒聽說嗎？——有人發現真理了！我們得盡快採取行動，因為如果這個人發現了真理，那將會危及我們的存在、危及我們的飯碗。他會切斷我們的根！」

年老的魔鬼笑了。他說：「冷靜點。你是新來的，所以才這麼受打擾。不要擔心。我的人已經開始工作了。」

門徒問：「但是我沒看到任何我們的人在行動。」

魔鬼說：「我工作的方式有很多種。學者們在那兒，博學多聞的人在那兒，哲學家在那兒，神學家在那兒。不用擔心。他們會造成很大的影響，他們會創造出很大的爭論，真理渺小的聲音會被他們蓋過。我們不用擔心。這些學者、博學多聞的人和教授們都是我的人：我透過他們工作——他們為我服務，他們是我的秘密代言人。別擔心。你不會在那兒看到我那些知名的門徒，因為我不能直接進行，我必須透過偽裝。現在我已經在那兒了，我的人已經開始工作——他們在那個人身邊。他無法造成任何傷害。而且他很快就會死去——他老了——然後我的人會成為他的門徒和牧師，他們會控制整件事。」

牧師為魔鬼服務，不是為神服務。所謂的偉大學者會繼續進行邏輯上的分析，追根究底的爭論就是為魔鬼服務，不是為神服務。

一旦你寫下任何東西，等於是給這些人機會；他們會奔向這個機會，他們不會錯過這個機會。他們會搞砸整件事，他們會為它創造出很大的誤解。那是他們的專業。

因此我能了解為什麼葛玄考慮了一萬次。但最後他還是決定寫了下來，我認為他做了正確的決定。一個人不應該害怕黑暗。無論多微小的光，它的力量仍然大於黑暗，無論多巨大、多古老的黑暗。事實上，黑暗沒有力量，光才有力量。

這些話語是威力強大的。神秘家談論真理的方式幾乎超越了學者；他們真的無法摧毀它的美。事實上，他們甚至無法觸碰到真理；原因很簡單，因為神秘家使用自相矛盾的語言，他們不會有邏輯上的談論。因此學者無法理解他們。學者只能看見他們的矛盾，因為學者透過邏輯來運作，而所有神秘家的表達是矛盾的——非邏輯的或超邏輯的。特別是道家，他們的談論是更矛盾的——沒有人可以超越他們的矛盾。即使是這本簡短的書，你也會幾乎在每一句話裡面發現矛盾。

同時也需要了解，為什麼神秘家的談話是矛盾的？這是因為不讓學者可以掌握。這種矛盾只能被一個靜心者了解；一個用頭腦生活的人永遠不會了解這種矛盾。除非你經驗過無念（no-mind），否則你無法了解矛盾。那是一道防線，一個內建的防線：矛盾地談論，像瘋子一樣的談論。

有一次，一個記者來找葛吉夫。他正在喝茶。他常常避開記者，因為他們是最愚蠢的人，他避開的方式是很獨特的。當記者坐在他旁邊的時候，他問那個幫他倒茶的女門徒：「今天是星期幾？」

那個女人說：「今天是星期六。」

葛吉夫變得很生氣，把杯子丟到地上。杯子碎成無數片。記者開始很害怕⋯⋯因為今天是星期六。

葛吉夫說：「你們老是對我胡扯！有一天妳對我說那天是星期五，而現在卻是星期六？怎麼可能？星期六怎麼會在星期五之後？」

記者認為這個人瘋了。他連再見都沒說就逃走了，然後葛吉夫大笑著。那個女人感到震驚。她是新來的；她不知道那是葛吉夫避開不適合的人的方式。她說：「您為什麼突然這麼生氣？」

他說：「如果妳待在這兒再久一點就會了解。現在這個記者不會再回來了；這輩子都不會再回來了。而且他會去告訴他的同事，所以不只是他，很多人將不會來打擾我。」

他被當成瘋子，完全的瘋子。

神秘家矛盾的談論有一個目的：學者會避開矛盾。當他們遇到一個神祕家，他們內心裡會認為這個人瘋了——他們不會去煩惱這個人。其次：矛盾是唯一能表示某些真實的事的方式。邏輯總會是不完整的，它永遠不會考慮全部，它無法考慮到全部。生命包含兩極：就如同電包含正極和負極，生命也包含了兩極。而兩極只是看起來是對立的；實際上它們並非互相對立。實際上，對那些了解的人而言，對那些有智慧的人而言，對那些能深入去看的人而言，它們不是對立的，它們是互補的。

但是要了解這個，你必須要有很深的靜心經驗；頭腦不會有幫助。頭腦會說：「這些談論是矛盾的。這個人一開始說了這樣的話，然後到最後卻說了完全相反的話。」但是神秘家知道他在做什麼：他在試著描述整個真理。然而只有經驗過整個真理的人能夠了解。

頭腦總是將事物分割：它會分別、分割，它的作用就像稜鏡一樣。當一道白色的日光穿過稜鏡，它會被分成七種顏色。那就是如何創造彩虹的方式：它是被浮在空中的極小水珠所創造出來的；那些水珠的作用就像稜鏡，日光穿過它們會被分成七種顏色。頭腦是一個稜鏡：它把每件事分成很多部分。真理是一，但如果你透過頭腦來看，每件事都會變成很多部分。因此神秘家談論的方式就是將所有組成彩虹的顏色一起放回原處，如同它們穿越稜鏡之前的樣子。

因為這種矛盾的表達方式，所以學者會避開它們。透過頭腦生活的人無法了解他們；那是一道防線。那就是這些美麗的著作倖存好幾世紀的原因。

葛玄只是寫下它們，記住它們；這本書不是他創作的。他也經驗過同樣的真理，因為對任何經驗過的人而言，真理一直是一樣的。無論何時有人經驗過，它一直是一樣的，它不會改變；時間不會造成不同。但是他所說的已經被口口相傳好幾百年了，也許有好幾千年。所以我們無法真的知道是誰說了這些話。

他只是說：

令人尊敬的師父說：

師父是誰？沒有任何關於他的敘述。也許師父只是代表過去、現在和未來所有的師父。也許只是代表重要的智慧——不是某個人，而只是基本的法則。

沒有任何關於葛玄的敘述，完全沒有。因此至少有好幾世紀，這些談論被認為屬於老子的話語。但是老子有一種特別的談話方式，一種完全不同的方式；這些話不可能來自老子。我們已經談過老子的話語；他是比葛玄還瘋狂的人，他是更神秘的。而且眾所皆知，除了道德經以外，他並未寫下任何東西，即使道德經也是被強迫的，在最後一刻，那時候他正要離開中國，準備要死在喜瑪拉雅山。

他決定要死在那座山上，不可能找到比喜瑪拉雅山更美的地方——喜瑪拉雅山的寧靜、純粹的寧靜、美、最深切壯麗的自然。所以當他非常老了，他對弟子說：「我要去喜瑪拉雅山找個地方，讓我可以消失進入自然的地方，一個沒有人知道我的地方，不會有我的紀念碑的地方，沒有寺廟，連墓碑也沒有。我只想消失，就好像我從沒有存在過一樣。」

當他要離開中國時被擋在邊界，因為皇帝已經命令所有邊界駐守：「如果老子經過，必須把他攔下來，直到他寫下他所經驗過的。」他一輩子都在避開。到最後，據說，因為他在邊界被抓到了，他們不讓他去喜瑪拉雅山，他被一個駐守留下，寫下那個簡短的著作，道德經。

所以這本清靜經不可能來自於老子。但是因為對於葛玄知道不多，人們認為它們一定是老子說的話，而葛玄一定是老子的一個弟子，因此葛玄寫下它們——弟子的紀錄。事實並非如此。葛玄自己也是一個師父。

在這本著作的一開始，他說了一些必須記住的話。首先他說：「當我和道合而為一時，我考慮了一萬次，是否要把這個洞見寫下來。」他說：「當我和道合而為一…」他不只是個弟子，他是個成道者。他已經和道合而為一。他不會寫下任何從別人那兒聽來的東西，他自己已經經驗過了。他已經和道合而為一：他已經成為自然的一部分。

他在經序裡說：「只有求道的人才可以，世俗的人沒有辦法了解。」在一開始他就說的很清楚，如果你是世俗的人，最好不要理會這本著作。不要浪費時間，它不適合你，它對你沒有任何用處。它甚至會讓你很困擾，使你無法專注在俗世裡的事務。最好不要去了解你不是真的很有興趣的事。最好不是因為某個意外。

有很多人是意外地、湊巧地。他們會遇到某個人，然後感到有興趣。

在某一天，我收到一封從阿姆利則寄來的信。來自於一間位於阿姆利則的國際飯店，那個人寫到…你會很驚訝，那時我正在談論法句經的最後一部，我提到一個男人，Michael Tomato，他從邦加羅爾的一間飯店寫信給我，因為他遇到一個桑雅士告訴他，在我社區裡的蘇菲舞蹈中，他的總統，Reverend Canon Banana是被嘲笑的對象。他很生氣。他非常憤怒的寫了一封信給我：「這是不好的，你的社區中不該允許這樣的事，因為那是在侮辱我偉大的辛巴威共和國。」

那個國家在這件事發生的七天前才剛成立，這個人Reverend Banana，在Michael Tomato遇到這個桑雅士時的兩天前才當選總統——就在兩天前——而我們在蘇菲舞蹈中使用「banana（香蕉）」這個字已經好幾年了！事實上，也許是因為我們的祈禱才使得其中一根香蕉當選為總統，因為他們一直認為透過祈禱，奇蹟才會發生。

那時候我對你們說這個人很生氣，而且他的名字是Michael Tomato，然後只是為了開個玩笑，我說很快就會有某個叫Michael Potato的人寄來另一封信。它寄來了！那封信從阿姆利則的一間國際飯店寄來。有兩個桑雅士住在那兒，這個人遇到他們。這個人來自西方，但是他已經成為一個錫克教徒。看到兩個穿橘色衣服的人使他覺得有趣；他做了自我介紹。當那些桑雅士聽到他的名字時一定很驚訝，Michael Potato Singh，因為他才剛成為一個錫克教徒。他們說：「等等，我們有個錄音帶——你聽一下！」

聽了錄音帶後，他想：「這是個奇蹟！奧修怎麼會知道我？」於是他放棄了他的新宗教。要過來這兒了！他很快就會到這兒。

這些人是偶然的。我只是開玩笑，這個世界上的某個地方一定有人叫Michael Potato，但我沒預期這麼快，才一個月後，我們就找到他了！他原本已經成了錫克教徒，現在他放棄了錫克教。他在信中寫到：「我已經剪了頭髮，我要過來了，我準備要當一個桑雅士，因為你是我這輩子一直在尋找的正確人選。」

這些人是個意外。這不是成長的方式。這些人像漂浮的木頭：他們只是隨波逐流，他們只是因為風的幫助，沒有任何方向感。

葛玄說：「只有求道的人才可以。」他說得很清楚，如果你是求道者，如果你準備好要冒險…因為求道是冒險的。那是最偉大的探險，無比的狂喜，但是一點都不容易；它也是費力的。它有它的狂喜，它有它的痛苦——它有它要背的十字架。當然，透過它才有復活，但除非你被處以十字架刑，否則它不會發生。所以他說得很清楚，只有求道的人才可以。

一個人必須非常清楚自己是否是求道者。你真的對真理很有興趣嗎？——因為每個小孩從一開始都會分心。似乎沒有小孩會對神有興趣，但是父母不斷將神的概念強加到小孩身上。如果你生在無神論的家庭，那他們會對你強加無神論的概念。如果你生在共產主義的國家，那共產主義當然會強加於你。不是聖經就是資本論。不是神聖的三位一體就是不神聖的三位一體，馬克思、恩格斯和列寧。但一定會有某些事被強加到你身上。

父母對你的愛還沒有寬大到能讓你獨自成長、幫助你、給你養分，給你完全的自由去成為你自己，真實的自己。因此會有很多人以為他們是尋找神的人——他們不是。他們的尋找是被強加的現象，一個制約。如果你只是因為一直被告知要尋找神，不斷的告知，那麼那個字會在你裡面變成一件要做的事，不是你的一部分，不是固有的；它是來自外在的。你只是隻鸚鵡——也許鸚鵡比你還聰明。

一個非常熱情的義大利共產黨員找到一隻會唱流行共產黨歌曲「紅旗」的鸚鵡。他買了牠後帶回家，但幾天後他的妻子無法再忍受牠。那隻鸚鵡不斷唱著那首歌。

憤怒之下，她敲暈那隻鸚鵡，並用塊布包了起來。當丈夫回家，她對他說了一切。丈夫沮喪的打開那塊布想看看那隻鸚鵡。

那隻鸚鵡睜開一隻眼睛小聲地說：「嘿，同志，那些骯髒的法西斯份子離開了嗎？」

即使鸚鵡也比所謂的人類聰明。他們繼續重覆父母、牧師、老師和學校教給他們的東西。整個社會不斷以某種方式制約你，在二十五年的制約下，如果你忘了你實際上想要做的事、實際上想要成為的人，那是很自然的。

第一個決定性的因素在於是否有想知道真理的深切渴望。你是否準備好為它冒任何險？甚至你的生命，如果是這樣，「那麼」，葛玄說：「這些話是要給你的。」如果你只是一個世俗的人——「世俗」，他的意思是一個對金錢、權力和名望有興趣的人——那你最好不要理會這個偉大的著作；它們不適合你——至少目前還不是。

你必須對你所謂的世俗慾望感到厭煩。首先進入那些慾望。除非你變得完全的挫折，除非你了解到它們都是沒有用的：無論你失敗或成功，你都是失敗的；無論你富有或貧窮，你都會是貧窮的；無論你是乞丐或皇帝，你都仍然是乞丐……當你有了那個洞見，直到那時，你才能成為一個求道者。否則，如果你假裝是一個求道者，你會攜帶著整個世界，你會攜帶著所有的慾望。

那就是為什麼人們關心神和天堂。並不是他們對神和天堂有興趣，他們是對權力和名望有興趣。也許他們害怕死亡，出於恐懼和貪婪，他們開始向神祈禱。但因為恐懼和貪婪而做的祈禱根本不是祈禱。

一個真正的祈禱會是來自於感激，永遠不會是來自於恐懼和貪婪。一個真正的祈禱會是出於對真理的愛，無論它是什麼。否則你對世俗的慾望會再度投射到神和天堂。

如果你深入研究不同宗教和不同國家對於天堂的描述，你會很驚訝：都是他們投射的慾望。例如，西藏的天堂被描述成溫暖的——當然，因為西藏人一直在承受寒冷之苦，他們希望天堂是充滿陽光和溫暖的，這樣他們至少能夠每天洗澡。西藏的經典說每年至少洗一次澡是你的責任！

印度的天堂是寒冷的，也就是有空調的。但是那時候他們不知道空調這個字，所以就說它是「變冷過的空氣」。情況一定會是這樣——印度一直在忍受炎熱的氣候。而你透過你自己的經驗知道，所有印度人的頭腦都想要一點遮蔭和涼爽。所以印度的天堂會一直充滿著涼爽的微風，而且有大樹，非常大，可以容納一千輛牛車在它下面乘涼。這是印度人遮蔭和涼爽的概念⋯⋯

西藏的地獄一定是完全冰冷的，印度的地獄則是充滿了火焰。

現在，不可能有這麼多種地獄和天堂；這都是我們的投射。無論我們欲求什麼，我們就投射到天堂，無論我們害怕什麼，我們就投射到地獄。地獄是為了其他人而存在的，為了那些不相信我們的思想體系的人而存在的，天堂是為了獎賞那些相信我們的思想體系的人而存在的——同樣世俗的東西。這不是宗教性的人。

在回教的天堂裡有流淌著酒的河流。這是很奇怪的：你在這兒譴責酒——那是個罪——在那兒卻用酒獎勵你的聖人！

所有國家的天堂都充滿著美麗的女人，因為它們都是男人創造的，所以我從沒聽過關於美麗男人的描述。如果女人⋯然後，當然，遲早被解放的女性會寫下她們自己的天堂。她們不會談論美麗的女人，而是談論美麗的男人——害怕妻子的丈夫，總是像影子一樣跟著女人，恭順的，就像僕人一樣。那就是男人如何在他們的天堂描述女人。而且她們一直是年輕的，永遠不會變老。這太奇怪了！

如果你看看神的描述，所有宗教都把神想成是一個非常非常老的人。你有想過神是一個非常年輕的人嗎？沒有任何國家會把神想成是一個年輕人，因為你無法信任年輕人：他們是危險的，而且有點愚蠢。一個聰明的女人必須非常老，所以神也是非常年老的。但是祂周圍的女人都很年輕，事實上，會永遠停留在十八歲；她們不會超過十八歲。非常固定的！她們一定很厭煩，要保持幾百萬年都是十八歲！

但這都是男人的想法：這兒的聖人會放棄女人，放棄性；他們譴責性，讚揚禁欲——而且，他們希望會得到很好的獎賞。這仍然是來自於我們無意識的世俗慾望；你無法推開它們。除非你遇到它們，看著它們，你不能只是壓抑它們。

葛玄是對的：他說：「世俗的人沒有辦法了解」。他們一定會誤解。

新病人來到精神分析師的辦公室裡。他是一個神學家，一個偉大的學者，也是個哲學家。他說：「醫生，我來這兒是因為每個人都說我考慮自己太多了。」

「讓我們看看這個問題，」醫生說：「要分析你的問題，你就必須先告訴我整個故事；你必須告訴我這個問題的起源。」

「好的，」教授說：「在一開始是一片黑暗。」

你了解嗎？他對分析師說：「人們認為我考慮自己太多了。」他真的從一開始說起！無論他去哪兒，無論他做了什麼，他的了解注定會跟著他。無論他選擇了什麼，都將會是來自他的頭腦和智力。

某天晚上，一個善妒的義大利丈夫提早回家。他發現他的妻子坐在床上抽著菸。看起來令人起疑，他開始打他妻子。

「我發誓我自己一個人在家！」妻子哭著說：「不要打我！你會被懲罰的。記住，在某個地方，會有一個知道每件事的人！」

衣櫃上方傳來一個男人的聲音：「沒錯，但床底下那個知道更多！」

你能壓抑多久？你能隱藏多久？它將會發生，不是從前門就是後門。

兩個瘋子看著鐘：現在是十二點。

其中一個說：「中午了。」

另一個說：「是午夜。」

討論持續不斷，他們決定去問管理人。「現在是中午還是午夜，先生？」他們問。

管理人看著他的錶說：「我不知道——我的錶停了。」

在瘋人院裡，你不能期待管理人比其他瘋子的頭腦清楚。事實上，他是管理人的原因是因為他是更瘋癲的！因為他可能在那兒工作很久了，所以才能當管理人。

父親把他小孩叫了過來：「媽媽對我說你打算要離家出走，這是真的嗎？」

「是的，」男孩堅定的回答。

「喔，」父親說：「當你決定要走的時候，告訴我——我要跟你一起！」

葛玄在經序裡說：「黃金之門的諸神統治者將它給了我。」真理一直是份禮物，它不是某種成就，因為所有成就都屬於自我，而真理不會是你的自我之旅的一部份。真理只有當自我被拋棄時才會發生，所以你無法說：「我達成了，」你只能說：「它被給予了。」那是一份禮物。葛玄是對的：他說：「因此，記住，你必須處於接受的一方。你不能處心積慮要得到真理。真正的求道者不會是一個達成者，他不是侵略性的，他不是男性的，他是女性的。他就像一個子宮——他接受。他全然的清空了自己，這樣才能創造出空間去接受。」

那正是靜心的整個藝術。那就是我們在這兒做的，那就是幾世紀以來，神秘家一直在做的，師父一直要弟子們做的：完全的清空你自己，成為無物。當你完全的成為無物的時候，真理就會降臨到你身上；你變成充滿真理的。首先你必須清空你自己，然後你變得充滿神、道、達摩，或無論任何你想要使用的名字。

他說：「黃金之門的諸神統治者將它給了我。」這是一個神祕的說法，「黃金之門」。那是道家的方式，將神描述成一道門而不是一個人，一個進入存在的入口，如果你是空的，門會在你裡面開啓。是你的自我擋住了門，是你擋住了門；除了你之外沒有別的阻礙。把你自己移開，不要擋在那兒，突然間，黃金之門會開啓。黃金的意思是當你穿過它，你變成了純金。灰塵消失了，質變了，轉變了；它變成了神。

這就是鍊金術的定義：塵土變成了神，賤金屬變成黃金。只要成為接受者就能發生。你必須完全地不存在。

葛玄說：「過去都是口口相傳。那些能了解的人將會成為神的使者，進入黃金之門。」

這個簡短的經序說：「那些能了解的人，能領會的人，將會成為神的使者……」不是他們必須成為，而是他們自然地就會成為，不需要任何努力，毫不費力的。他們會開始顯示神，他們會開始發光，他們會變成發光的。不用任何努力，奇蹟會開始透過他們發生。

據說葛玄一生中出現過很多奇蹟。它們和發生在很多神祕家身上的奇蹟是一樣的。例如，據說他能在水上行走。耶穌也有這樣的傳說。那不是事實，記住——耶穌沒這麼笨，葛玄也沒愚蠢到去走在水上。不需要在水上行走。那個意義是什麼？那是一個詩意的表達，一種隱喻。那只是表示他們能做到那個不可能的。

世界上最不可能的事是什麼？最不可能的事就是超越這個世界。最不可能的事就是知道自己。最不可能的事就是成為完全的空。

這些都是隱喻，「在水上行走」；不要以為它們是真的。他們是用詩的方式描述某件事。

第二個傳說是他知道長生不老的秘密，那是鍊金術的秘密。一個知道他的意識的人，知道意識只是一個對思想的觀照，知道他的無念狀態，完全地知道對他而言並沒有死亡——沒有出生，沒有死亡——他從未出生，從未死去，他已經超越兩者。這就是生命的秘密，這就是鍊金術的祕密科學。

第三個關於他的傳說是，他在白天成道而飛升。這和穆罕默德以及很多人相同。這些美麗的方式都是在表示那個無法表示的。這些人都飛向那個最終的，不是走任何後門；他們已經在白天到達那個最終的。那些有眼睛的人看到了他們的飛升。那些有耳朵的人在他們飛升時聽到那個音樂。那些有心能感受的人也感受到他們的飛升和轉變。這些人活在俗世，但卻不屬於俗世。他們不是俗世裡的人，他們是完全非俗世的。

宗教狂熱分子一直強調這些隱喻不是隱喻，而是事實，一直強調這些詩一般的表達並非詩一般的表達，而是歷史的一部分，不要被他們誤導。如果你真的想了解神秘家的生活方式，要稍微有點想像力。

天堂是如此地完美以致於彼得感到很無聊。有一天，當每個人都坐在一起時，他對天父說：「我很無聊…我偶爾想去地球走走，可以嗎？」

「在我的領導下，想都別想」，天父回答。

耶穌說：「對我而言，去一次就夠了。」

聖靈說：「除非他們停止射殺鴿子！」

天父對耶穌說，為了拯救全人類，他必須再犧牲自己一次。

雖然很不願意，耶穌同意了。

他在天堂裡到處對他的朋友道別，承諾三十三年後會再回來。然後，天使跟著他來到了地球。

三十三年來，一直沒有耶穌的消息。直到八年後，一個老人來到天堂，自稱是耶穌。天父立刻就認出了他，並驚訝的大叫：「發生什麼事了？你怎麼現在才回來？」

「喔，你知道的，父親，」耶穌說：「現在地球上沒有死刑，我被判終身監禁！」

耶穌走在人群中並展現奇蹟。突然有個人跪在他的面前：「我的主，我的主，請治癒我，治癒我！」

「冷靜點，孩子。相信我，你將能被治癒。」

耶穌靠近那個人看著他的眼睛，然後走了回來，他對彼得使眼色要他過來。當彼得靠近時，耶穌小聲對他說：「沒用的，彼得。我們得假裝去某個地方——他得了癌症！」

現實就是現實！

無論這些奇蹟是隱喻或是某種巧合。例如，拉撒路的復活：他可能只是剛好昏過去，或者那只是個美麗的隱喻，因為每個師父都要他的弟子從他的墓地裡復活，因為平常的時候你是死的；你完全沒經驗到生命。你們都是拉撒路！而他只有死了四天；你們已經死了好幾百萬世。召喚你們回來無疑是個奇蹟！如果你們能聽從並復活，那就是你所能做到的最大奇蹟，也是師父做到的最大奇蹟。事實上，你做了比師父更偉大的奇蹟。

其他聖人的生命中也曾描述發生過同樣的奇蹟；差異並不是很大，原因很簡單，因為每個神祕家生活在俗世中，卻又沒生活在俗世中。要怎麼表達？要如何說出關於他的重要事蹟？只能透過奇蹟來描述。奇蹟的語言是唯一可能用來描述某些事的方式，至少能暗示某些無法描述的事。

但是有些愚蠢的人會執著這些事，然後他們會把它杜撰成歷史。他們對散播神的訊息沒有幫助；他們創造了障礙和困難。事實上，如果這些奇蹟和胡扯能被拋棄，會有更多聰明的人和耶穌在一起。是的，笨蛋和耶穌在一起是因為那些奇蹟，但聰明的人則是因為他而和他在一起。

那正是我在這兒的努力。我要你們是覺知的、聰明的、有意識的。如果你選擇和我在一起，那不應該是因為任何愚蠢的原因。

就在三、四天前，我收到一封信，來自於澳洲的一個剛成為桑雅士的女人，一個讀過我的一本書的年輕女人，一定是因為那個書名「面對現實：為成就奇蹟開始計劃」，她讀了那本書，因此開始為了成就奇蹟而計劃：她成了桑雅士，然後計畫來印度。朋友和家人都在笑她。他們說：「妳瘋了！」但是她很堅定，完全不理會其他人。她已經好幾個月沒有工作，所以沒有什麼錢，由於她好幾個月沒有工作，因此她早就跟幾乎每個她認識的人借錢；她沒有辦法再從任何人那兒借到錢。所以她無法來印度，但是她仍然在計畫。

某一天，在一個朋友家中，她看到一本雜誌上有一個印度九十天之旅的廣告。她研究了那個廣告說：「一定是奧修施展的奇蹟！」你必須讀那本書：你必須買那本書並讀它，然後回答一些問題，只有二十句。她只剩下六元，但是她買了那本書——剛好是那本書的價格。她讀了那本書，因為期限快到了，她必須讀完那本書。有一千頁！然後她回答了那些問題。

她寫信給我：「我不知道誰回的信。一定是你回的！」現在，我完全不知道她在說什麼。我沒回過那封信——我必須現在先說清楚，以免太遲了！但是她說：「你一定有回信，因為，」她說：「我完全不知道我寫了什麼——我甚至不記得我寫了什麼。」自然地，因為她讀了三天三夜，她怎麼知道她寫了什麼？她如何能記得某些愚蠢的書，足足有一千頁？那本書一定很愚蠢，因為這不是賣書的方式；這是賣一本愚蠢的書的方式。

她已經認定這一切一定會發生。但這是一連串的巧合！她到了那兒，把問題提交出去，因為期限快到了。她完全沒察覺到發生了什麼，誰在做這些事。隔天當她去某個朋友家，在路上她突然想到她必須回家一趟——電報來了！她衝回家。是的，有一封電報。現在，即使我告訴她，我和這些事無關，她也不會理我。她不會相信我，她只會相信她經驗到的。而那封電報說：「立刻來，接觸我們，」她趕到那兒——她贏了第一大獎！現在她可以來這兒待九十天。她說：「奧修，你做到了。你承諾的，你也做到了！」現在，我和這件事完全無關！

有時候是巧合，有時候是一連串的巧合，使得一個人深信不疑。當這些事發生——這些事會發生，這是一個廣闊的世界——人們一定會相信。人是很容易受騙的。

但是我在這兒的努力是要讓你們變聰明，而不是盲信。並沒有任何奇蹟存在。只有一個奇蹟——我稱這個為奇蹟——就是你的存在是完全地空。自我的死亡是唯一的奇蹟；如果那發生了，你就到達了黃金之門，你穿過了黃金之門。你已經知道什麼是永恆；你已經超越了時間。現在這本簡短的經典：

令人尊敬的師父說：

偉大的道是沒有形體的：

從一開始，葛玄就要你們知道，道是沒有形體的。所以你無法為它設立雕像、興建寺廟，你無法創造宗教儀式；不可能去安排教士。

偉大的道是沒有形體的：

那是存在的共通法則。你無法膜拜或祈禱。你所有膜拜都是愚蠢的，並沒有誰在聽你全部的祈禱，以後也不會有誰去聽，沒有誰會去聽你的祈禱或去滿足你的祈禱。你的祈禱是你包裝過的欲望。小心你的祈禱——它們是什麼。穿的服裝是用於宗教的，說的話是用於宗教的，但什麼都沒改變；那些欲望是一樣的。人們祈求金錢、權力和名聲。無論你祈求什麼，你都是在祈求某些錯誤的東西，因為沒有誰會給你這些東西。那個祈求的概念是荒謬的。只要完全地寧靜。

道不是祈禱的方法，它是靜心的方法。

⋯道是沒有形體的，然而它孕育和產生了天與地。

那不表示道對你而言是無關緊要的；那只是表示你不能膜拜它，你不能向它祈禱。但是它會繼續給你養分，你被它孕育著；它孕育著你。整體都在呼吸著它。它是宇宙的心跳，但是它不是某個人。

偉大的道是沒有情欲的⋯

所以如果你想要和道交流，你必須拋棄所有欲望。人們只是繼續改變他們的欲望，但基本上它們都是一樣的。人們繼續改變他們生命的外在架構；他們稱為人格。有的人抽菸，你可能不會抽煙；於是你開始嚼口香糖。那是同樣的愚蠢。或者你可能會停止嚼口香糖，開始做別的事。但因為都是同一個你，所以不會有任何事情改變。如果你到了月亮上，你在那兒做的蠢事會跟在這兒做的一樣。表面上每件事都不一樣，但實際上沒有任何差別。

一對夫婦被一個來自火星的飛碟擄走，他們被帶到太空船內的客艙。然後有一對火星夫妻招待他們，給了他們綠色的飲料，並開始聊天。喝了幾杯之後，每個人都放鬆了下來。來自地球的丈夫問火星人夫妻：「你們如何生小孩？」

「我和我的妻子將做給你們看，」火星人回答。

他們打開一個像冰箱的櫃子，妻子拿出一個裝著咖啡色液體的罐子，丈夫拿出一個裝著白色液體的罐子。然後他們拿起桌子上的一個空罐子。將液體都倒入那個空罐裡。

「現在我們把這個罐子放到櫃子裡，」火星人解釋：「九個月後就會有一個嬰兒。」你們在地球怎麼做的？

於是地球夫妻開始做給火星人看。他們脫光了衣服，躺在地上，丈夫坐在妻子上面。然後開始前後搖動，接著他們發現火星人在笑。

「你們在笑什麼？」他們問。

「抱歉，」他們回答：「我們覺得有趣，因為那是我們泡咖啡的方式。」

你可以在這兒，或在月亮，或在火星，你可以改變外在的東西——那不會有差別。不論你用任何愚笨的方式做愛或泡咖啡，你都是在做某件愚蠢的事！除非你裡面有出現任何智慧，除非你的無意識轉變成意識，除非你的黑暗消失並成為光……

偉大的道是沒有情欲的，然而它使太陽與月亮在它們的軌道上運行。

偉大的道是沒有名字的，然而它持續地使萬物生長。

我不知道它的名字……

這些價值無窮的話語是我沒聽過的……那正是知道的人說話的方式。聲稱知道的人是完全無知的。真正知道的人看起來會像是完全不知道的。葛玄說：

我甚至不知道它的名字，但為了敘述，我稱呼它為道。

但是我們必須描述它。看看這個非盲信者的態度。你可以稱呼它是任何東西——XYZ。道只是表示XYZ。只是因為我們必須描述它，我們稱它為道。如果你要用別的名字也沒問題。

當佛教徒來到中國，他們很驚訝，因為道家的神祕家認同他們。他們說：「完全沒錯！我們把它稱為道，你們稱為達摩。那是同樣的，因為我們說道是沒有名字的，你們也說達摩是沒有名字的。我們說道是沒有形體的，你們也說達摩是沒有形體的，所以不會有問題。我們只是使用不同的語言，但是我們都在表達同樣的真理。」

那是歷史上其中一件曾經發生過的最美麗的事。當佛教傳到中國，沒有任何衝突、沒有任何爭論、沒有任何轉變，而且佛教和道家合而為一，完全的一。基督教歷史沒有發生過這樣的事、猶太教歷史沒有發生過這樣的事、回教歷史沒有發生過這樣的事，它們的歷史充滿了醜陋。只有在佛陀和老子的教導中發生過一個非常稀有的現象——沒有任何爭論。他們只是試著了解對方，然後大笑和擁抱，並說：「完全正確！」

一個基督教傳教士去拜訪一個禪宗師父，他開始念著聖經裡的山上佈道。他說：「柔順的人有福了，因為天國是他們的。」

師父說：「停！這樣就夠了。無論誰說了這句話，他是個佛！」

傳教士楞住了。他是來辯論的，他是來傳教的。他是來說服禪師，證明佛陀是錯的，耶穌是對的。而這個人卻說：「無論誰說了這句話——我不知道誰說的——但無論誰說了這句話，他是個佛。不需要再念了；那句話就夠了。你可以從任何地方嚐到海洋的味道，那個味道是一樣的——都是鹹的。這句話就夠了！」

同樣的事也發生在中國。佛教徒到了那兒，然後全中國都變成佛教徒，沒有誰去改變誰的問題。因為道家是如此包容，而佛教是如此善解人意；沒有改變宗教的問題。改變任何人的想法是醜陋的、暴力的。他們從不爭論——是的，他們會交流，他們點頭認同對方的領悟，並說：「是的，沒錯。老子也是這樣說的。佛陀也是這樣說的。」

由於這個相遇——全人類中最罕見的——禪誕生了。由於佛陀和老子的相遇，佛教洞見和道家洞見的相遇，達摩和道的相遇，禪誕生了。因此禪是稀有的開花。它發生在此時此地——如此寧靜，沒有任何流血，沒有任何爭論。不會有爭論的問題；差別只是語言不同。

這就是一個真正的宗教人士。他不是盲從者——他不可能是。

葛玄說：

我不知道它的名字，但為了敘述，我稱呼它為道。

那是個沒有名字的體驗，但是我們必須描述它，所以我們把它稱為道。那是隨意的。如果你有別的名字——神、達摩、真理、涅槃——你可以從那些名字中挑選；它們都是美麗的，因為它沒有名字，所以任何名字都可以。

這也必須是我的桑雅士的態度，這個方式應該是我們的方式。你不應該是任何教條的一部份——基督徒、回教徒、印度教徒。你不應該屬於任何教會；那是幼稚的、政治的。一個宗教性的人會完全免於教條的束縛。只有在自由中，領悟才會成長。

我的桑雅士必須了解這個對待生命的方式；這是非常重要的。一旦你根植於其中，你會開始成長。會有很大的葉簇從你身上生長出來，然後是偉大的開花和達成。

第二章 存在就是神的表達

第一個問題：

奧修，可以請你談談戒律與壓抑嗎？

阿紐德亞，它們的差別就像天與地一樣。之間的距離是如此的大，是完全無法銜接的。壓抑剛好是戒律的相反，但數千年來，壓抑一直被誤解，它被當成是戒律。它被披上了一件虛假的外衣。

記住一件非常重要的事：不真實永遠不會危害到真實；但虛假永遠會危害到真實。不真實無法傷害真實，但虛假會傷害真實，因為虛假看起來很像真實。虛假不是真實但卻又戴著真實的面具，虛假不是真實但卻又披著真實的外衣。

壓抑是容易的。任何愚笨的人都能做到——不需要任何智力就能壓抑。戒律則需要極大的智慧。戒律意味著覺知。戒律來自你最深處的核心；它不是某種透過外在強加的東西。沒有人可以使你是有戒律的。

「戒律」這個字是美麗的：它意味著學習的藝術。因此「弟子」這個字表示：一個準備要學習的人，一個有學習能力的人。學習是一個內在的過程。一個人必須一直是警覺的，只有那時候他才能學習。一個人必須是覺知的，只有那時候他才能學習。一個人必須觀察著一直發生在他周圍的事，而且必須加深這個觀察，以致於你甚至可以觀察你的身體、頭腦和心的運作過程。你必須成為一面鏡子。你必須觀照你裡面的每件事，然後只有當你從裡面學習到，那個學習才帶來了戒律。然後一個深深的和諧在你裡面發生，因為任何錯誤的事會開始從你身上自行消失。你無法拋棄它。如果你必須透過努力拋棄它，那就是壓抑；如果它像乾枯的葉子從樹上落下，那麼它就是戒律。

戒律必須是毫不費力的；它必須出於完全的了解。壓抑和了解無關，和學習無關。別人叫你做什麼，不要做什麼；別人給你十戒。你只需要當一個跟隨者，你必須順從。然而別人是誰？他們是強大的人們──政治上的強大，宗教上的強大。他們可能是富人、有地位的人或有教會的人、有支配力量的人。他們有他們的既得利益；為了保護他們的既得利益，他們創造了某種奴役，一個心理上的奴役。他們要人們是順從的，他們不想要人們是叛逆的；因此他們無法允許智慧。

智慧基本上就是叛逆的；它是與生俱來的，它是革命性的。對那些當權者而言，成為有智慧的就是最危險的事。因此每個小孩必須被弄跛、每個小孩必須是癱瘓的；不允許任何孩子依照他自己的光過他的生活。每個小孩生來是聰慧的，但二十五年的制約，從小學到大學，從一個聰慧的孩子裡創造出一個笨蛋——如此多的制約以致於那個智慧消失了。他變得非常害怕對任何事說不，他變得非常恐懼，非常害怕人群，以致於他只是像隻羊一樣的跟隨；他不再是個人。唯一能造成這種情況的方式就是教他如何壓抑他自己。首先他必須壓抑他的智慧，然後他必須壓抑會危及現況的任何事。

例如，每個社會都談論和平，但卻都活在戰爭中。因此性必須被壓抑，因為性壓抑的人可以很容易地變成軍人；不會有任何困難。性壓抑的人總是隨時準備要戰鬥，他總是站在暴力的邊緣。他的性變成了暴力，他失去了所有的柔軟，他失去了所有愛的品質，愛的天性被扭曲了；變成了恨的天性。直到目前為止，所有的社會基本上都變成了敵對的社會，總是準備好要戰爭；他們無法允許性的自由。如果一個社會是性自由的，如果一個人被允許全然地經驗他的性行為，那麼他的暴力會消失。他將不會準備要做這樣十足愚蠢的事，例如沒有理由的去殺人；對他而言連想像去殺人都不可能。他會問：「為什麼？為什麼我要殺人？似乎沒有任何理由。只因為某些權力狂熱者想要支配整個世界，我們就必須成為犧牲者，我們就必須把世界搞得一團混亂？」

性自由的人會是有愛心的、柔軟的；戰爭是不可能的。除非性是自由的，否則戰爭不會從地球上消失。

所有的心理學研究都提出非常確定的一點：武器只不過是陰莖的象徵。因此準備要去戰爭的社會一定是壓抑的。智慧一定是被弄跛的，性一定是被壓抑的。所有可以使你成為個人的能力都被拋棄了。你被迫成為基督徒、印度教徒、回教徒、耆那教徒或佛教徒，原因很簡單，如果你是群眾的一部份，你就失去了你的個體性，你開始依照群體性頭腦來行動——而群體性頭腦意味著最低等的頭腦。群體性頭腦透過最低等的、共同的分母來行動。

據說學校裡最好的老師就是使自己有所領悟，也能使所有學生，包括最平凡的學生也能領悟他所教導的。如果只有名列前茅的學生能了解他教導的，那他不是個好老師。最差的學生也必須能了解他的教導，那麼他才算是一個好老師。但要使最差的學生也能了解他的教導，老師就必須降到跟最差的學生一樣的程度。他必須說著群眾的語言。而群眾是由平凡的人所構成。

都是因為幾世紀來的制約，否則情況不是這樣；那是人為的災難。不會有這麼多人如此的平凡和愚蠢。他們生下來的時候不是這樣的。個人必須被抹除，完全地抹除，因為個人對於當權者似乎太危險了，因為個人會思考，他們只有在同意時才會說是，否則他們會說不。

我聽說：

在二次世界大戰時，軍隊需要很多人，因此各種各樣的人都被徵召。每個人都被要求為國家、祖國和各種無意義的事犧牲。一個哲學教授也被徵召了。

第一天，下士要新加入的人去參加第一次訓練，他開始大喊：「本排士兵，立正！本排士兵，停止前進！本排士兵，立正！本排士兵，向後轉！本排士兵，立正！本排士兵，向前轉！」

教授大步地走出隊伍並離開。

「嘿！你！」下士大喊著：「你去哪兒？」

「去酒吧，」教授說：「等你決定好，我再回來。」

自然地，一個會思考的人會看出這裡面的不合理。意義在哪兒？為什麼一個人要做這些事？但他們這樣做有某些原因：謀殺你的智慧，慢慢地將你變成機器人，慢慢地將你變成機器。這個人被慢性謀殺；然後你開始像機器一樣地行動：

「向右轉！」你完全不用思考，你只要向右轉。你不用思考為什麼——沒有為什麼——你裡面不會產生任何疑問。事實上，你的身體幾乎會像機器一樣動作。就如同你按了鈕，然後燈打開了或關上了，或者機器開始運作。所以當軍人聽到：「向右轉！」他只是向右轉，完全沒注意到他在做什麼；就只是照著做。

我聽說威廉詹姆斯——世界上其中一個最重要的心理學家，那是美國對世界所做的貢獻。他和朋友坐在一間餐廳談論制約。談論內容涵蓋全球，因為最近俄羅斯心理學家帕伏洛伏發現了制約造成的本能反應：一個人可以被制約得很深，然後他會像機器一樣的運作。

帕伏洛伏後來成為俄羅斯心理學之父，共產黨一直採用他的概念達六十年之久。

威廉詹姆斯對他朋友說了這件事，但是他朋友不是很相信這個概念——那個概念太新了。

就在那時候，一個退伍軍人經過，他提著一桶滿滿的雞蛋。為了證明他說的，威廉詹姆斯大喊：「立正！」那個可憐的老軍人立刻立正。桶子掉了；所有蛋都破了。他非常生氣。他說：「誰幹的好事？」

威廉詹姆斯說：「但是我們沒有要你聽從指示！」

他說：「那不是聽不聽從的問題，那已經變成我的本能。立正就是立正！我待在軍隊二十五年：立正就是立正；它沒有別的意思。那不是我決定聽不聽從的問題；那已經變成自動的。」

這就是所有社會一直在做的事，所有所謂的宗教一直在做的事：它們一直使你自動化。這要透過壓抑的過程來達成——壓抑每件會危及社會的事。

那正是為什麼耶穌會被處以十字架刑的原因，那正是為什麼蘇格拉底會被下毒的原因，那正是為什麼曼蘇爾會被凌遲的原因，因為這些人是叛逆的，這些人讓其他人從他們的束縛中被釋放、從他們的心理奴役中被釋放。他們告訴人們去成為有智慧的個人，他們告訴人們去成為獨立的個人，去成為他們自己的光。那就是喬達摩佛的訊息：成為你自己的光。跟隨你自己的光，跟隨你自己的智慧。不要理會那些既得利益者，因為他們只考慮自己的目的。他們和你的幸福無關，他們不關心那些東西。

一旦你壓抑任何事，那個被壓抑的能量會開始在你裡面發臭。同樣的能量會成為一朵花，也會變成一根刺。同樣的能量會使你停滯不動，開始發臭。能量需要保持在流動的狀態；壓抑會使你的生命力停滯不動。

人的心智年齡不超過十二歲。那表示在十二歲的時候，他們的心理年齡就不再成長。他們生理上可能有八十歲，但他們的頭腦是幼稚的——記住，不是像小孩子的，而是幼稚的。像小孩是美麗的，幼稚則是醜陋的。

為什麼他們在十二歲就停止成長？理由是什麼？怎麼發生的？而這是全世界的平均年齡。在東方或西方都一樣；印度教徒或基督徒都一樣。所有社會都在以它們的方式，在每個人十二歲以前壓抑他們——為什麼？因為十三歲是危險的年齡。在那個時候，一個人會開始性成熟，在那之前，他的成長就必須停下來。一旦他性成熟，那就很難再去壓抑他。他會有非常大的能量，以致於你壓抑的方法一定會失敗。所以壓抑必須發生在十三歲之前。

各種胡說八道必須在他十三歲之前植入到他的頭腦中；等到他們十二歲的時候，那個工作就得做完。然後他們就只會變老，但不會成長。

在生物課口試時，老師問學生：「人身上的哪個器官一旦被刺激後就會變成原來的三倍大？」

女孩說：「我才不回答這種問題！」然後她走了出去。

於是老師問了另一個學生，得到了回答：「眼睛的瞳孔。」

「非常好！」老師說：「現在去告訴你朋友，她該醒醒了！」

這就是壓抑的工作：如果你壓抑某件事，你的頭腦會漸漸地被它扭曲；每件事都會被它扭曲。一個性壓抑的人會常常關心性。他可能會談論禁欲，他可能會試著成為一個禁欲者，但是他整個頭腦都充滿了性欲；他只會夢到性，沒別的了。而且那不會只發生在你年輕的時候⋯⋯

甘地在他的自傳中寫到，即使到了七十歲，他仍然還在做春夢。那一定會發生——七十年的壓抑；否則，等到了七十歲，一個人應該已經成熟到拋棄這些玩具了。壓抑使事情懸浮在空中。壓抑的人，即使臨死前，也會想到那個他一輩子都在壓抑的事。

我反對壓抑，我贊成表達。

表達你自己。存在就是神的表達——那就是創造力。表達你自己，不要譴責任何事。你是沒有問題的；一切都是美麗的。它也許需要轉變，但它不是錯誤的。不需要被拋棄，而是要轉變。而轉變透過戒律發生；戒律透過靜心來到。變得更覺知，更警覺。但是不要攜帶任何結論，一個先入為主的結論。

如果你已經深信性是錯誤的，那麼你就無法觀察你的頭腦。如果你已經有了結論，你要如何觀察？無論何時，一個你有了一個性念頭，你就會縮回去；你會想要把那個想法扔離你的存在。否則你會立刻跳向它，你會開始掙扎和爭鬥。你將無法只是觀察；你會開始考慮是否要進入它。

一個靜心者必須是完全沒有偏見的，不帶著結論的。他必須是一個完全科學的觀察者。他只是觀察，注意他的頭腦中發生了什麼事。注意，不要錯過任何事，那就夠了。觀察的美在於，任何無意義的事，它會開始自行消失，任何有意義的事，它會開始自行成長。你的能量開始聚集在有意義的事的周圍，它們會開始讓無意義的事荒蕪。然後某種戒律誕生了，不是被外在的任何人強加的。

很多人，特別是印度人，寫信問我為什麼不給我的桑雅士一些戒律。我不行——我不是他們的敵人。我在這兒不是要透過任何方式操縱任何人，我在這兒不是要支配誰。我可以幫助你了解，之後由你決定。依你自己的了解，如果你生命中發生了某件事，那很好，但如果它的發生是因為我說的，那它是醜陋的。然後遲早你會懊悔，遲早你會報復我。

我是你的朋友。我可以幫助你更警覺；那是我的功用。然後任何好的東西就會像你的影子一樣，安靜地跟隨著。它不會產生任何噪音，不會給你任何自我。當你變得更覺知，所有自我會消失。你變得越來越謙虛，越來越平凡。那個平凡就是神性，那個單純就是神聖。但是戒律必須發生在你身上。我可以把我的了解告訴你，我可以和你分享我的經驗，就這樣了；然後由你決定要做什麼，不做什麼。

我的桑雅士必須學習如何自由的生活。我知道對你很難——即使我的桑雅士也會問：「如果你給我們一些規定會比較容易，我們可以遵從。」我知道那會比較容易，因為那就是你這輩子一直在做的。某個人一直給你命令，你一直遵從著；那成了你的習慣。你要我帶著一個領袖的形象，去告訴你必須做好這個，不能做那個。那會讓事情很容易、簡單，你就不用擔心，你可以只是依賴我。但是那會創造某種依賴，你會失去某些非常有價值的東西：你失去了你的自由，你失去了你的獨立，你失去了你的個體性，你失去了你自己。那不是我在這兒的目的。

我在這兒的目的是要使你成為越來越獨特的個體，越來越真實的個體。我要你們自己完全地為你的生命負責，這樣你才能完全免於各種領袖形象的束縛。那會帶來巨大的祝福和恩賜。

第二個問題：

奧修，請對我們談談昨天斯瓦米普里姆奇瑪亞的死。

普里姆沙瑪地，首先，關於普里姆奇瑪亞的死，並沒有任何死亡發生。他非常有意識地死。他死得如此美！那是稀有的。當他十年前來我這兒時，我擔心他可能在有某些永恆的經驗之前就死掉了，因為他帶著重病…無法治癒的。

但他是一個不凡的人。他靠自己微薄的力量在這兒住了十年。他的身體已經無法再使用了。醫生很驚訝，他們不敢相信，但是我知道那個秘密。他不害怕死，但是他想要在死之前成長到某種程度。而他做到了！

當他準備好的那一刻起，我允許他離開。我必須對他說：「現在你可以放棄你的身體了。」

在我和他之間開始有一個深深的交流。因為疾病使他無法來看我——有時候那是一個偽裝的祝福。因為他無法來看我，漸漸地，建立了一個內在的交流。

就在前天，我叫席拉來我房間，對她說：「現在是時候了。奇瑪亞可以離開了——他準備好了。現在他不需要再忍受任何身體的苦了。他已經做到一切所需的，他已經達到某種整合。是的，他會再出生一次，但那是個偉大的達成。」

他在達到第六個中心的狀態下死去。在這種狀況下，要達到第七個中心幾乎不可能；即使就他所達成的而言也幾乎是個奇蹟——死在這樣的高度。

當席拉到了奇瑪亞的房間，他立刻說：「奧修叫妳去他房間嗎？」她很驚訝，因為我很少會叫人去我房間。在這六年中，我只讓席拉去過我房間三次，所以那不是每天都會發生的事。除了味味克和拉克斯米之外，席拉可能是唯一被叫去我房間的人。但是他立刻就問：「奧修叫妳去他房間嗎？他說什麼？他的訊息是什麼？」

一個深深地交流在最近開始發生。當席拉對他說：「現在奧修說你已經可以休息了，你已經可以放鬆了，深入到你自己裡面，忘記身體。」⋯⋯很難忘記身體，因為他的身體處於巨大的痛楚中；那不是普通的痛。沒有任何止痛藥有幫助。已經給他很大劑量的止痛藥了，但是對他都沒幫助。甚至無法幫助他入睡；那個巨大的痛楚使他一直醒著。

他笑了，他說：「好，我會的！」晚上有三次，一再地一再地，他問席拉：「請再告訴我，師父的訊息是什麼？我不想在最後一刻忘記他的訊息。」

無論何時席拉說：「他只說：休息，放鬆，深入到你自己裡面。」他就會說：「好，現在我記得了。」然後他又再度睡著。

他告訴席拉他想要聽這一系列的演講——他希望至少可以聽第一章。而他做到了！昨天他聽了整個演講——全然有意識的。受著那樣的苦，他聽完了演講。接著他問了最後一次那個訊息，然後他閉上眼睛，消失了。

這不是死亡，這是某種更美的事。這是放開來。這是放下。這是愛！他如此全然地相信我。他美麗地、寧靜地、完全放鬆地死去。我為他感到高興。

即便是這幾年，我也很擔心他撐不下去，但是因為他十足的決心，他的全然給了他活下去的力量。那個身體在六年前就該死去了；這六年來他活在某個死亡的存在裡。他可以再撐下去——他至少可以再活三個月——但是我認為沒有必要了，因為在這樣的身體中不可能再有更高的達成。身體已經腐爛了，完全地腐爛，他已經到了非常好的空間裡，我不希望他內在的空間因此而被干擾；我要他離開。這是一個人應該離開的時候。他以非常正面的心情處於這樣負面的身體狀況，他以非常健康的心情待在如此不健康的身體中。

就在某一天，我告訴你們關於耶穌和一個癌症病人的笑話，我記得奇瑪亞有在聽！他一定有笑出來，因為他喜歡笑話。

帶他離開的天使一定很驚訝，因為他晚了至少六年。

三個義大利人到了天堂。聖彼得問第一個：「你是誰？」

「我是來自米蘭的卡勒圖。」

「非常好，你準時到了——來吧，」聖彼得說。然後他問了第二個：「你呢，你是誰？」

「我是來自羅馬的吉納羅。」

「你遲到了六小時。怎麼回事？」聖彼得問。

「喔，聖彼得，從羅馬到這兒是一段很長的路程。我在路上稍微休息一下。」

「你呢，你是誰？」聖彼得對第三個人說。

「我是來自拿波里的帕斯奎爾。」

「帕斯奎爾，」聖彼得說：「這太過分了！你晚了一年！」

「別生氣，聖彼得。我一直生病待在床上。」

我不知道奇瑪亞要怎麼解釋，因為六年真的太長了！祂們可能完全忘記他了。祂們必須看看檔案——要花好幾天才會知道這個人是誰！但是我想現在祂們一定很熟悉這個橘色穿著的人——他們不是可靠的人。他們在各種奇怪的時間來到，他們不擔心時間，他們不遵守任何規定，他們不知道戒律！

他喜歡笑話。他常寫美麗的笑話給我。為了紀念他，我要對你們說些笑話。

一個人進警察局報案說他妻子不見了。

「她什麼時候不見的？」警察問。

「五、六年前，」他回答。

「五、六年前！」警察驚呼：「你為什麼不早點來報案？」

「喔，你知道的，」男人說：「我只是無法相信！」

在莫斯科，一個共產黨官員看見一個老人跪在一座雕像前面。他停下來問：「老先生，你在祈禱嗎？」

「是的，我在祈禱，」老人回答。

「你在為我們祈禱嗎？」

「當然。」

「你現在為我們做的祈禱就如同沙皇時代你為我們做的祈禱一樣嗎？」

「沒錯，」老人回答。

「告訴我，你的祈禱有用嗎？」

「喔，有的，他們殺了沙皇。」

接下來這個是他最喜歡的：

在一個銀行會議中。總裁受到會議討論的影響，來回地踱步。他的秘書注意到他沒拉上拉鏈，於是小聲地對他說：「總裁先生，車庫沒關上，大家會發現。」

「啊，那你看到什麼？——我的新賓士嗎？」

「不，」秘書回答：「我看到一輛輪胎洩了氣的飛雅特。」

沙瑪地，昨天你們慶祝了他的離去。隨時記著他。他是指引你們方向的光。他深深地愛和歡笑。他是一個知道如何慶祝的人。當然他的身體一點都不願意，但是他從沒有受到身體的打擾。

昨天他想來聽演講。我必須制止他，但是他還是聽了部份的演講。他對席拉說：「我想聽完整個系列的演講，但是當奧修說我必須離開，那我就得離開。那就是這個時候了，這就是正確的時刻，我不想錯過這個時刻。」他從不想讓我失望。他非常地愛我。

他的名字，普里姆奇瑪亞，表示愛和意識。他是兩者。他是愛，他也達到有意識的。他帶著極大的愛和意識死去。

那並不是死亡，沙瑪地——而是超越死亡。

他很快就會回來，一旦他回來，你們會馬上知道。因為當我看到他回到某個桑雅士的子宮裡，我會給他「葛玄」這個名字，因為這個他想要聽完的演講。所以當我叫任何孩子「葛玄」，你就知道普里姆奇瑪亞回來閒逛了！

第三個問題：

奧修，我丈夫如此全然地愛我以致於他這輩子從未想過其他女人，我們住在一起幾乎二十五年了。儘管我無法相信，但這卻是事實，你有什麼看法嗎？

尼哈里卡，我也無法相信！

曾經有個人，他的名字叫無法相信。他娶了一個非常好的女人，他們也是一對非常知足的夫妻。

有一天，無法相信病得很重，他知道自己快死了，於是他叫來他的妻子，對她說：「親愛的。我這輩子都一直叫著這個愚蠢的名字。現在我快死了，答應我一件事——我的墓碑不要用這個名字。妳可以放一句話或一張照片，任何東西，但不要用我的名字。我不想要帶著它進入永恆。」

於是妻子答應了。當他死了，他的墓碑上刻了一句話：「這裡躺著一個從未背叛過妻子的忠實丈夫。」

從那天起，經過並看到那句話的人都會說：「無法相信！」尼哈里卡，妳的丈夫不是早已死去不然就是瘋了——或者也許妳碰到了一個佛！但是這個像佛的人和妳在一起做什麼？

在一個海灘度假中心，兩個女人聊著天：「當然，所有年輕、幾乎全裸的女孩對我們的丈夫而言一直是種誘惑……」其中一個女人說。

「也許吧，」另一個女人說：「但我絕對相信我丈夫。他瘋狂的愛著我。」

「噢，」第一個女人說：「他沒有過清醒的時刻嗎？」

如果一個男人愛一個女人，他也會愛很多其他的女人，反之，如果一個女人愛一個男人，她也會愛很多其他的男人，因為愛不能侷限在某個人。如果它存在於每個人，那它就是無法被侷限的。如果它不存在於每個人，那就沒有問題。

愛就像呼吸。如果某人說：「我只有和妳在一起才呼吸，剩下的時間我不呼吸，」妳不會相信他說的話。妳如何能相信？當他不和妳在一起時，如果不呼吸，他會死掉。愛是妳靈魂的呼吸。

但那就是我們在做的：幾世紀以來，我們一直以這麼愚蠢的想法約束人們，沒有任何原因的創造出世界上如此多的痛苦，如此多的嫉妒、佔有和恨。我們一直用這樣愚蠢的概念約束人們，愛只能存在於兩個人之間，一對一地：如果這是正確的，那就是一對一，其他情況就是不正確的。如果相反情況才是正確的：那一對一就不會是正確的。那會是錯誤的、虛假的；那是虛幻的。那麼人們是在假裝，他們對自己是不真實的——不只是對別人，還有他們自己。

如果一個男人對美有興趣，他要如何避免去看美麗的女人？他要如何避免不對她們有興趣？唯一的方式就是完全地謀殺他對美的興趣——但是那樣他也不會對自己妻子有興趣。這就是正在發生的情況：因為這個愛必須是一對一的愚蠢概念，愛已經從這個地球上消失了。唯一可能的方式就是丈夫不該愛他的妻子。他必須謀殺愛的本能，他必須遏止對美的想法，他必須忘記存在於世界上的美。但如果這樣，記住，他就無法愛自己的妻子。他會假裝，他會不斷演戲——沒有意義的手勢。如果一個女人被要求「妳只能愛妳的丈夫，妳不能對別人有興趣，」她也一定會失去對丈夫的興趣。

那就是為什麼丈夫和妻子對彼此不再感興趣。他們不斷爭吵著；他們繼續找理由爭吵。這個爭吵的現象是因為他們愛的能量不允許被開花，但是他們都忘了原因，因為那個制約是如此的久遠。他們的父母都受到同樣的制約，他們父母的父母；那來自於亞當和夏娃的時代。已經成了我們的一部份，幾乎成了我們血液和骨肉的一部份，以致於我們甚至沒察覺到；那已經深入到無意識裡面。

所以丈夫和妻子不斷地對彼此生氣——有時多，有時少——總是找藉口生氣。而且他們看起來很悲傷。由於這個原因，他們一定會很悲傷，他們一定會很憤怒。其他藉口都是假的。我不是說他們有意說謊——他們沒察覺整個狀況。

事實很明顯，一個對美有興趣的男人會持續對很多女人有興趣；一個對美有興趣的女人會持續對很多男人有興趣。也許她對某個人更有興趣——那是可能的——也許她對那個男人如此地感興趣以致於她想跟那個人生活，但那不表示她對其他人的興趣消失了；那個興趣還是存在。但是如果在早上，妳和妳的丈夫聊天，妳丈夫對妳說：「看那個女人。她多麼美！」馬上就出現問題——他不能說出來！那並沒有錯；事實上妳應該高興，因為妳丈夫還活著，頭腦是清醒的，他的輪胎不是沒氣的！妳應該高興他是活生生的，年輕的，他的眼睛仍然可以看見美，他仍然對美是敏感的。沒有嫉妒的需要。

但丈夫不能說出來；事實上，他會假裝他完全沒在看別的女人。他有在看，他看過了——也許這就是為什麼他戴著太陽眼鏡！他會想辦法去看那個女人：

他也許會談某棵美麗的樹。他並不關心樹，但是那個女人坐在那棵樹下面！而妻子也很清楚為什麼他突然對那棵樹有興趣；因為他以前從不對樹有興趣。

妻子不能對丈夫說：「這個男人多麼俊美！」丈夫會感到不舒服——他的自我受傷了。每個人都帶著「沒有人比我美」的概念。現在每個人都知道這是完全地胡扯。每個人都是獨特的，那是對的，但是每個人都有某些其他人沒有的特質。也許這個人的眼睛比你的眼睛美；也許你有一個美麗的鼻子，而他的鼻子是醜陋的，但是他的眼睛呢？你可能有張美麗的臉，而他有勻衡比例的體態。

人們應該更聰明，他們應該欣賞；他們應該幫彼此去欣賞。他們應該對彼此說：「你是對的。那個女人很美，那個男人很美。」這沒有任何錯誤。這不會摧毀你的愛；事實上那會加強愛、使愛更穩固。非常真實地和彼此溝通就是讓愛得到養分。無論何時你開始假裝，無論何時你被迫開始假裝，無論何時你被迫說些你不想說的話、你不被允許說的話，愛會開始消失，彼此會開始疏遠。

尼哈里卡，請幫助妳的丈夫，使他再度是有活力的，使他再度是頭腦清醒的，使他再度是敏感的。妳一定對他的遲鈍有很大的貢獻。這樣不好，這不健康。這是病態。如果他說他這輩子從未想過別的女人，那要記住，妳也是個女人——不多不少。即使變成妻子，妳還是個女人。如果他不對別的女人有興趣——這世界充滿了美麗的女人——那他也不會對妳有興趣；他跟妳已經結束了——或者也許是妳強迫他和妳結束。

那就是為什麼妳說：儘管我無法相信，但這卻是事實。

妳無法相信，因為妳一定想過別的男人——妳怎麼能相信？如果妳還在想別的男人，妳怎能相信妳的丈夫不會想別的女人？

事實上，無論何時男人和女人，特別是丈夫和妻子在做愛，在床上從來不會只有二個人，而是總是四個人。他想著別的女人，而女人想著別的男人。女人想著阿里拳王，他想著蘇菲亞羅蘭，然後事情會很順利！

丈夫和妻子不在白天做愛是比較好的，或者在晚上做愛但把燈關掉是比較好的，這樣你就可以有自由的想像；你可以想像任何你想要的對象。事實上，差別不大——基本上沒什麼差別。對象不同，帽子有點不同等等，但基本上沒有太大差異。當你來到最基本的部分，都是一樣的——當你和一個女人或男人做愛，你就是來到最基本的部分，你已經到了石頭底下；沒有別的地方要去了。就自然而言，這樣是好的：關於基本的部分，它是非常共產主義的；沒有太大差異。所有差異都是表面上的。

但是有興趣並沒有錯。幫助他——他需要妳的幫忙，因為我自己的經驗，數千對伴侶中，總是女人摧毀了男人。男人假裝是主人，但他不是。女人對自己的掌控完全充滿自信，她們允許他去談論他的掌控，但是她們不會受到打擾。

她們說：「你可以談論。這樣分配是好的：你談論掌控——那部分的自由給你——但我們是真正的主人。」

有一天我去見穆拉那斯魯丁。他坐在床底下。我問那斯魯丁：「怎麼了？你怎麼坐在床底下？」

他說：「為什麼不行？我是一家之主，我可以坐在任何地方！」然後他的妻子來了，她說：「你這個懦夫！我會讓你知道誰是主人！」

「沒有人可以強迫我出去！我是主人，所以我可以坐在任何我想坐的地方！」他的妻子很胖，她無法坐在床底下，我問他妻子：「妳接下來要怎麼做？」她說：「你等著看！快要午餐了——他會出來的！在床底下，他可以繼續說他是主人；但在床上，我知道誰才是主人！」

幫助妳可憐的丈夫。妳一定已經摧毀他了——不知情地、不知不覺地；女人的方法是非常微妙的。讓他恢復活力，從他的墓碑中把他帶回來。只有到了那時候，他才會對妳有興趣。然後他會感謝妳。

所有的伴侶都應該記住：成為伴侶不表示成為對方的主人——而只是同伴、朋友。不要把你們的關係視為理所當然；那和佔有無關。男人或女人不是要被佔有的東西，他們是人；他們必須被尊敬。他們不是要被使用的工具。丈夫把妻子當成工具，妻子把丈夫當成工具，那就是為什麼全世界看起來似乎如此醜陋、瘋狂，每個人似乎都是非常痛苦的。

不需要有這麼多痛苦——百分之九十九的原因是我們創造的。而百分之一的原因是因為身體的限制。身體會變老，有時候它會生病，有一天它會死去，但是那只佔了百分之一。如果百分之九十九的痛苦可以消失，那麼百分之一是可以被接受的，喜悅地接受；不會有問題。

第四個問題：

奧修，我聽很多桑雅士說我們什麼事都不用做：「讓奧修做。」葛吉夫則是教導一個人只有透過自己的努力，起源於一個深深的渴望，覺知才會成長。請為一個承受成長之苦的桑雅士談談這部分。

阿紐布緹，我知道妳沒有承受到成長的苦，完全沒有，因為妳沒有成長！

阿紐布緹在葛吉夫那兒很多年——不是和葛吉夫在一起，而是和某個曾經和葛吉夫待在一起的人。現在，和師父在一起是完全不同的情況。如果妳一直和葛吉夫待在一起，妳會了解葛吉夫是完全不一樣的人。但是妳從沒有和葛吉夫待在一起，妳是和某個曾經和葛吉夫待在一起的人在一起——而且那個人沒有成道，那個人和妳待在一樣的船上。但是她——那個和阿紐布緹在一起的人——已經以某種方式制約了妳的頭腦：她自己對葛吉夫的了解。

葛吉夫常說即使最了解他的人也不了解他——即使像奧斯賓斯基這樣的人也被葛吉夫否定。雖然事實上葛吉夫是因為奧斯賓斯基才聞名世界；沒有奧斯賓斯基，不會有人知道葛吉夫。是因為奧斯賓斯基出的書使葛吉夫聞名世界——否則他可能死時仍是一個沒沒無名的神祕家。是奧斯賓斯基和他強大的哲學分析能力、爭辯和撰寫，使葛吉夫成為世界上其中一個最有名的師父。

但是葛吉夫也不悅於奧斯賓斯基對他的了解：他常說奧斯賓斯基完全地誤解他。奧斯賓斯基當然很生氣，最後他離開葛吉夫並反對他。當奧斯賓斯基在場時，即使提到葛吉夫的名字也會引起他的反感。奧斯賓斯基的門徒不被允許提到葛吉夫，雖然奧斯賓斯基的教導就是來自葛吉夫的教導。如果你看奧斯賓斯基和葛吉夫的書，你會比較容易被奧斯賓斯基說服，因為葛吉夫不是哲學家。他也不是優秀的作家——他的著作是非常乏味的、無趣的，如果你能看完整本書，那表示你有很強大的意志力。我遇過很多對葛吉夫非常有興趣的人，但是他們沒看過他的書；他們都是看奧斯賓斯基、尼柯爾和其他人的書。

阿紐布緹，無論妳對葛吉夫有什麼了解，那都和葛吉夫無關；妳不知道任何關於他的事。即使和他生活在一起很多年的人也無法了解他——他是非常神秘的人。而且對每個門徒，他都說不同的事，因為每個門徒的需要是不同的。同一件事，他會對奧斯賓斯基說這樣，但卻對尼柯爾說那樣，剛好是相反的，因為他們的需要是不同的，不能對他們說一樣的事。

他對少數幾個人說過：「把一切交給我⋯⋯」

曾經發生過：

一個非常富有的女人來見他，第一件他說的事是：「立刻把妳所有貴重的東西交給我。如果想當我的門徒，把所有的鑽石和珠寶交給我。」她身上有很多美麗的首飾；她是那個時代中其中一個最富有的女人。她變得很害怕——自然地。她進去房間想了一下：「要怎麼做？把一切都交出去是對的嗎？」

她和另一個女人住在同一個房間，一個她的老朋友；她也很富有。她問了她朋友——該怎麼辦。

另一個女人說：「不會有問題——我也遇到一樣的事。當我來到這兒，他要求我：「先把所有貴重的東西交給我。如果妳無法犧牲，那就忘了我和我的工作；妳的找尋不是真實的。妳必須為此付出。」我立刻交出我的一切。妳知道什麼事發生了嗎？那女人說：「隔天早上他來到我的房間把所有東西還給我！」

於是那個新來的女人很高興。她交出一切——而葛吉夫從沒來找她！她等了又等，她問了另一個女人：「怎麼回事？他沒回來！」

那個女人說：「我不知道怎麼回事，但我的情況是這樣。我不知道他為什麼沒來找妳。」

那個女人變得很猜疑，她離開了葛吉夫。並開始散播謠言：「那個人是騙子。他在剝削人們。」

另一個女人問葛吉夫：「你為什麼把所有東西還給我，但是卻沒還給她？」

葛吉夫說：「妳很快地交出一切，完全沒考慮是否要留著。但是她有在考慮，她問了妳的意見。只有當她確定東西會還給她，她才給了我。那完全不是臣服，那是算計。我不想要我周圍有著會算計的人。如果我還給她，她會留在這兒。所以我必須一石二鳥：我們有那些錢——我們的工作會用到——我們也趕走了那個愚蠢的女人。現在她在散播關於我的謠言，這樣其他愚蠢的人也不會來找我。」

阿紐布緹，妳沒有承受到任何成長的苦，妳只是感到困惑，因為我的工作和葛吉夫的工作完全不同；一定會這樣。妳現在的問題是要怎麼辦？

阿紐布緹參加過很多團體，也離開很多團體，因為他們不符合她的了解；他們的程度在她之下。她知道得更多——她下了很多年的功夫。但我的工作是完全不同的。

葛吉夫在結晶化下工夫，我的工作則是融化；妳必須融化，不是結晶化。兩個方法都是有用的；這兩道門都能讓妳進入最終的。妳可以透過意志力進入——那是葛吉夫的方式，或者透過臣服進入——那是我的方式。

妳說：請為一個承受成長之苦的桑雅士談談這部分。

妳只是想用妳學到的葛吉夫的方法來了解我。那不會有用。如果妳想了解我，妳必須把葛吉夫放在一邊。我愛這個人，我非常地愛這個人，我尊敬這個人，但我的方式是完全不同的。

然而舊習慣總是很難改⋯⋯

一個美國老師常看到她的白人學生和不准坐校車的黑人學生打架，她感到很疲倦。所以有一天她叫他們過來，對他們說：「男孩們，為什麼要有這些歧視？我不想再看到這些！記住，我們是平等的。每個白人或黑人都是平等的！所以從現在起，我們把自己當成藍色的！你們了解嗎？我們都是藍色的！」

「現在，淺藍色的去坐校車，深藍色的走路回家！」

舊習慣……

天堂處於浩劫中。上帝問了聖彼得原因，聖彼得回答：「喔，是因為那個人，希特勒。沒有辦法忍受他。他一直對每個人大叫：『死猶太！死猶太！』但是不用擔心，我會親自對付他！」

過了一會兒，平靜與和諧再度支配了天堂。出於好奇，上帝問聖彼得：「你做了什麼？」

「喔，那很容易，」聖彼得說：「我給他一隻畫筆，現在，他不會大叫：死猶太！死猶太！他會忙著在雲朵上寫著：死猶太！死猶太！」

妳已經來到這兒，妳等了好幾個月才來到這兒，妳渴望來這兒，妳已經對妳所謂的導師感到失望，妳已經對所有的團體感到失望，但是妳的心沒在這兒。妳不在這兒也不在那兒；妳處於過渡的狀態。

如果妳想要用葛吉夫的方式，那就盡快離開這兒。如果妳想要用我的方式，那妳就必須學習不同的方式。

妳說：我聽很多桑雅士說我們什麼事都不用做⋯

那是世界上最困難的事——什麼事都不做。不要以為這是最簡單的方式；它是最困難的事。妳可以做任何事；但當妳被要求什麼事都不做，問題就來了。

靜靜的坐著，
什麼事都不做，
春天來臨，
草木自己生長。

葛吉夫的工作是工作；我的工作不是工作，它是玩樂。這兩者有很大的差異。葛吉夫要妳強迫妳自己走到極端；他是一個嚴格的師父。我不要妳是極端的，我要妳待在中間。我要妳待在中間，記住，因為只有那樣才可能平衡，均衡才可能。妳不會被要求做任何事。

妳說：「你的桑雅士說：讓奧修做。」但是我什麼都不做——那只是一種說話的方式。我什麼事都不做，我也要我的桑雅士什麼事都不做。但是他們帶著舊有的習慣，所以我告訴他們：「把它留給我。我來做！但我什麼事都沒做——我這輩子從未做過任何事。我是世界上最懶惰的人！妳看不出來嗎？——我走路甚至不超過一百公尺！我對拉克斯米說：「在新的社區，汽車必須可以開到講台上面！」我是世界上最懶惰的人——何必擔心這些方法？我什麼事都不做。」

但是我的桑雅士習慣做事，所以為了幫助他們，我說：「別擔心，我會做。把它留給我。」那只是一個讓他們無為的藉口——然後事情會開始自行發生。我要你是自然的。

葛吉夫的方式是極端的：藉由摩擦在妳裡面創造出緊張：他在妳裡面創造摩擦。我的工作不是工作；它是放鬆，它是休息，它是越來越寧靜，完全地寧靜。即使妳做了某件事，妳也不會是做者；妳不用把它想得太嚴肅。葛吉夫的工作是嚴肅的。我的工作完全不嚴肅；它是玩樂的，它是有趣的，它是舞蹈，它是歌。我不把它稱為工作。工作是句髒話，在這兒是四個字母的髒話！

但是妳誤解我的原因很簡單，是因為妳自己的了解。妳得拋棄那個妳攜帶的了解，不然妳就必須拋棄我。妳必須選擇。妳不能同時騎兩匹馬。

一隻美麗的公貓在街上逛著。在去公園的路上，他遇到一隻小公貓。

「嘿，湯米，你要去哪兒？」小公貓問。

「我要去公園交配！」大湯米回答。

「那是什麼？某種像魚的東西嗎？」小公貓問。

「跟我來就知道了！」湯米說。

這兩隻公貓很快就到了公園的大噴水池那兒，裘莉坐在那兒，全鎮最美的母貓，她金色的毛在陽光下閃爍著。她看見大公貓走近，臉上帶著淘氣的笑。「我遇到麻煩了！」她大喊著往上一跳，開始繞著噴水池跑。

「上啊，男孩！」湯米喊著，他開始追著她。一圈，兩圈，三圈：「上啊，再快點！」湯米尖叫著。不斷繞著噴水池跑著。

小公貓，辛苦的追著湯米，筋疲力盡的，喘不過氣的，小小的四隻腳發著抖，叫著：「嘿，湯米，聽著——我再交配一圈就要走了！」

妳說：葛吉夫則教導一個人只有透過自己的努力，起源於一個深深的渴望，覺知才會成長。

那是對的，但那樣妳就得用葛吉夫所有的方法，要那樣妳會需要葛吉夫；沒有葛吉夫，就不可能做到。沒有活的師父，方法就沒意義，那個運作的方式如此地美。事實上，是師父，他的存在，那才是發生作用的原因，並不是方法。和一個活的師父在一起，每件事都發生作用了；和一個死的師父在一起，不會有任何事在運作。將這永遠地放在你的意識裡面。

那就是為什麼美麗的方法後來都被發現是假的。重點不是方法，而是師父，是在它們後面的師父，是師父黃金般、奇蹟般的觸碰，是他的個人魅力在運作。

當我離去，蘇菲舞蹈會繼續，還有亢達里尼和動態靜心，一切都會一如往常地繼續，但是某些東西不見了——裡面的靈魂不見了。然後它們成了例行公事。

那就是為什麼基督教教會繼續存在的原因，印度教繼續存在著、回教繼續存在著、佛教繼續存在著。而這些方法確實曾經有用。當耶穌還在的時候、當克理虛納還在的時候、當佛陀還在的時候，它們是有用的。和一個活著的師父在一起，正是這些方法有用的原因；那和方法無關。

這就是科學和宗教的差異：宗教是奇蹟般的。科學依賴方法論；宗教依賴師父，依賴那些曾經覺醒的存在。

只有當妳可以在這兒和我協調地在一起，事情才有可能——即使不可能也會變成可能。但是妳必須先和我協調地在一起。葛吉夫會是一個阻礙。

如果妳選擇葛吉夫，那就用葛吉夫的方法，但記住妳選的是一個已經死去的師父。妳可以一輩子不斷重覆他的方法——但是透過它們不會有任何事發生。

第三章 栽培出真正的玫瑰

第一個問題：

奧修，結了婚而仍然快樂的秘密是什麼？

沙傑，那是不可能的！從沒有發生過——就其本質而言那是不可能的。婚姻是違反自然的產物。婚姻是一種強加的東西，一個人類的發明——雖然是出於需要，但是現在那個需要已經過時了。那是過去的必要之惡，但是現在可以把它拋棄了。它應該被拋棄：人類已經受夠了它帶來的痛苦，人類已經無法再承擔那樣的痛苦了。它是一個醜陋的制度，原因很明顯，那就是愛不能被合法化。愛和法律是互相矛盾的現象。

婚姻是一個將愛合法化的努力。原因來自於恐懼。它考慮未來，考慮明天。人類總是在考慮過去和未來，因為經常性的考慮過去和未來，他摧毀了當下。而當下是唯一的實相。一個人必須活在當下。過去已經死掉，也必須讓它死掉。真正聰明的人從不會往回看；他從不受過去所打擾——那個已經結束的，已經永遠的結束。他也從不考慮未來，因為那個從未來到的，它從不會到來。他知道無論何時它來了，他將能回應它，所以何必考慮它？何必為了還沒發生的問題準備一個現成的答案？而且你準備好的答案都將會是無關的，因為生命不斷的在改變。生命一直是個驚喜；它是無法預測的。

但是人類認為自己很聰明，他們會為未來做好準備。你愛上一個女人，妳愛上一個男人，但是那和未來有什麼關係？明天那個女人可能會愛上別的男人。如果她可以愛上你，沙傑，她為何不能愛上別人？你知道的，你曉得的：「她可以愛上我，所以她也有可能愛上別人。」所以必須做些事來防止她愛上別人，這樣你明天才會安全有保障，這樣你明天才能利用她。無論愛是否還在，至少你可以擁有她的身體。你不是很在乎她的靈魂——因為法律無法約束靈魂，但是法律可以為身體創造障礙；身體無法脫出它的掌控。法律可以控制她；法律可以用很多方式譴責她，處罰她。

另一件事是：你不只害怕女人，你也害怕你自己。如果你可以愛上這個女人，你也可以愛上別的女人。你知道你的頭腦總是不斷地在想著別的女人。你知道有各種可能性使你明天就不會再對這個女人有興趣；事實上那幾乎是確定的，不只是可能而已、不只是機率問題而已。

你想要她的原因是因為這個女人會照顧你。她對你而言是舒適的，她是你生命裡的一個慰藉，她在很多方面扮演著母親的角色，她是一種養分。你害怕背叛她。你害怕你自己的頭腦，你自己的無意識；它會帶你到任何地方。

你答應她永遠不會離開她，這一世和來世，你都會永遠愛她。你害怕違背你的承諾。你的自我感覺到違背那些承諾只是表示了一件事：你將永遠無法原諒你自己。那會是你很大的負擔，它創造出你的罪惡感。

對女人而言也一樣。因此那是必要之惡，男人和女人同意要規劃未來。對自己的害怕使他們尋求法律的支持、社會的支持、議會的支持、受尊敬之人的支持。他們在自己的周圍創造出一千零一種障礙，這樣他們就能維持在一起。

但是如果——那個如果不是小寫，而是大寫——明天發生了某件事，然後你的生命變成悲慘的。明天將會發生某件事；明天將不會繼續一樣。生命永遠不會持續不變，甚至兩個連續的瞬間都不會相同。無法談論未來；它是未知的，無法預測的。占星術、手相、塔羅牌、易經都不會有幫助——沒有任何東西能有幫助。人類一直在嘗試各種可能的方式使未來的某件事是確定的，但沒有任何事可以真的被確定。未來的本質是未知的，它會持續是未知的、敞開的。

所以你避開各種可能性。你把所有的門窗關上。但之後你會感到窒息、你會感到憤怒、你會感覺一直活在衝突中。和這個你曾經愛過的女人在一起，你會感到憤怒，原因很簡單，現在很難把這個人趕走。你必須囚禁自己；現在唯一能繼續活下去的方式就是使你盡可能的不敏感、沒有愛心的、虛假的、沒有活力的。

因此人很早死。他們可能在四十歲或五十歲後才被埋葬，但是他們在大約三十歲的時候就死掉了。在他們的愛開始死去時，他們就死了，因為生命就是愛。但愛不是法律，生命不是法律，生命不是邏輯。生命基本上是不安全的，那是它的美。

隨著新時代的到來，人類會達到一種新的成熟度，因此我不認為婚姻能以古老的方式繼續存在。它必須是更流動的，那表示它不能是一種制度。人們會生活在一起——他們需要彼此⋯男人和女人分別是整體的一半；他們的需要是一種本能。在一起能使他們變成整體。但是他們只會因為愛而生活在一起，不是因為任何法律。他們會因為自由而生活在一起，不是因為束縛。

隨著婚姻制度的消失，整個社會的構造會改變——它不能不改變——因為一旦婚姻消失，很多事會自動消失。家庭不再是一樣的；家庭會被社區取代——那是不可避免的。小孩將不會屬於個人，小孩會是屬於社區的。因此他們將不會造成問題——因為小孩一直是個大問題：當人們分開時，那小孩怎麼辦？小孩處在這樣的過渡狀態；關於小孩，有些事必須做到。婚姻一直被堅持下去的原因是因為小孩必須被保護到，他們必須被幫助；他們是無助的。而那是你的責任。

愛變成責任和義務。當它變成責任和義務的那一瞬間起，它就失去了所有的詩意，它變成了完全的算計。然後它會是一種妥協，你多少必須拉著它，開始拖曳著你的生命。

一個巨大的革命就要來到，隨著婚姻的消失，那個革命將會是可能的。一旦小孩不再屬於個人，他們會有更多的可能性，他們會是更有人性的。他們不會是印度教徒、回教徒和基督教徒，因為他們不屬於特定的父母，不會被父母約束；他們將會屬於社區。一旦小孩屬於社區，他們會遇到更多不一樣的人。一個小孩可以把很多女人當成母親、阿姨，可以把很多男人當成父親、叔叔，把很多小孩當成兄弟姐妹。

目前小孩的體驗是非常有限的。每個小孩都由某個女人帶大。那個女人的影響會持續停留在那個小孩的意識中一輩子；變成了一個烙印。然後他會一直尋找那個相同的女人：他會愛上每個像他母親的女人；但是他永遠遇不到。他要去哪兒遇到他的母親？不會有相同的兩個人。他不會在任何地方找到他的母親，但是他會在每個妻子裡面找尋母親、他會在每個他愛的女人裡面找尋母親。同樣的情況也會發生在女人身上：她會從每個丈夫、每個愛人裡面尋找她的父親。她們不會找得到，但那是她們被灌輸的概念。

女人對於丈夫的概念不過是她來自於父親的概念，男人對於妻子的概念不過是他來自於母親的概念。他們永遠不會找到，因此會有挫折，因此會有失望、痛苦、失敗和苦惱。

如果一個小孩被社區裡面的很多女人帶大，並接觸了許多男人和女人，他不會有特定的概念，他會有更不明確的想法。他不會很確定一個男人或一個女人應該怎樣，他對於女人的概念會包含很多想像。然後會有更多的可能性，去找到一個滿足他的女人，或一個男人應該和怎麼樣的女人在一起，生活才會是令人滿意的，因為其中一個最大的痛苦是你在尋找某個你無法找到的人，因此每個人似乎都不合標準；沒有事情會滿足你。

因為你不受限於一個家庭，你就不會攜帶著來自那個家庭的陳舊概念。否則印度教的父母會讓小孩變成印度教徒，而一個印度教的小孩注定會反對回教徒、基督徒、反對每個人。同樣的情況也會發生在猶太教徒、基督徒和回教徒。如果小孩在社區裡和很多人相處，並且和整個社區和諧地⋯⋯

例如，在這個社區中，你可以看看悉達多。他完全自由地活著。這麼小的孩子，卻有著這樣的自由！他沒有對父親或母親的依賴。他和成年人做朋友，然後開始和他們相處。他有很多朋友——男人和女人，各種朋友——小孩或成年人。他遇過這麼多人，他對人的看法注定會是廣泛的。

他問過我——他住在孩子屋，那是只有小孩住的地方——他問我：「奧修，我想要和真正的男人住一起，不是小孩。已經夠了！我已經和小孩住在一起夠久了。」所以我讓他和多明達斯及其他桑雅士住一起。然後他們抱怨：「有時候他晚上十二點來、有時候一點、有時候二點。這太過分了！他去參加舞會、看戲劇、去狄斯可，他不斷地打擾我們！而且他佔據了整個房間——好像房間是他的，而我們是住在他的房間裡！他把他的東西扔得到處都是——到處都是他的玩具！所以拜託。」他們要求我：「讓他離開！」

我讓他去找他的母親，尼珈，和她住在一起。他說：「那是我最不想去的地方！但是如果你這樣說，那我就去。」他被迫去和他母親至少住在一起幾天。他和很多家庭、很多伴侶住在一起過。無論去到哪兒，他都會和他們交朋友，有這麼多朋友以致於他永遠不缺錢——他向每個人要錢！

沙特伐曾是尼珈的愛人。現在那個愛情關係已經破裂，但是沙特伐和悉達多之間的愛仍然繼續成長著。他們仍然是朋友——沙特伐仍然必須給他錢！他每天都會來：「今天我要五盧比、十盧比。」

有一天沙特伐說：「我沒錢了。」然後他會說：「你可以跟我要！」然後他會從某個地方拿五盧比給沙特伐！「你為什麼不問我？我有這麼多朋友，不論多少錢，我都可以給你！」

現在，這個孩子將會是完全不一樣的孩子！他和猶太教徒、基督徒、印度教徒生活過。他不會受到任何事的制約。他有一個巨大的領土可以利用。

那正是我對於小孩應該如何成長的想法，然後這個世界上就不會有宗教的衝突、戰爭、流血事件、醜陋的盲目信仰和法西斯思想。這些都是家庭的副產品，而家庭依賴婚姻。事實上，如果家庭消失，國家也必須消失，宗教也必須消失、政府會消失、教會也會消失。那正是為什麼國家、教會和每個人都支持婚姻，而且他們繼續讚美婚姻，彷彿它是某種神聖的、非凡的東西。那是地球上最醜陋的東西！他們繼續告訴人們：「沒有婚姻，小孩要從哪兒得到愛？」事實上，他們會得到更多的愛；沒有人會阻止他們的父母愛他們，但是他們也會得到別人的愛。他們不會是依賴的，他們會開始學習獨立。從一開始他們就會擁有某種自由的新感受。而那正是所需要的！

整個人類歷史中充滿了宗教戰爭的原因很簡單，那就是每個人都受到了制約，一旦你被制約，就很難解除制約。我知道那個困難，因為那正是我在這兒的整個工作——去解除你受的制約。那要花好幾個月、好幾年；而你會努力掙扎，用各種可能的方式抗拒，因為你的制約就是你的自我。

沙傑，你問我：結了婚而仍然快樂的秘密是什麼？

我不知道！沒有人知道。如果耶穌知道，為什麼他還是沒結婚？他知道神之王國的秘密，但是他不知道結了婚而仍然快樂的秘密。他一直是未婚的。馬哈維亞、老子、莊子，他們都沒結婚，原因很簡單，就是沒有祕密；否則那些人早就發現了。他們能發現那個最終的——與之相比，婚姻不是件難事，它是非常表面的——他們甚至能揣摩神，但是他們無法揣摩婚姻。

蘇格拉底結過婚，然後他一輩子都在受苦。他沒有發現結了婚而仍然快樂的秘密；他只發現最好他從沒有結過婚。但是在希臘，沒有像耶穌、老子這樣的人——耶穌還沒出現，他晚於蘇格拉底五百年。蘇格拉底和老子、馬哈維亞是同時代的人，但是他不知道他們，因為那個時候的世界沒什麼交流。所以傳統的習俗都發生在他的生命中。

穆罕默德不只娶一個女人，他娶了九個女人！我很多次被問到：「那穆罕默德呢？」我知道穆罕默德的秘密，但是我不知道結了婚而仍然快樂的秘密。但是如果你娶了九個女人，她們自己會互相爭吵，所以你會是自由的！穆罕默德可以應付那個情況，他對他的跟隨者説：「至少娶四個女人。」於是回教徒可以娶四個女人。四個女人就足夠互相爭吵了，丈夫會被忽略。

克理虛納做得最好：他娶了一萬六千個女人！他很容易就溜掉。有一萬六千個女人，誰會注意到克理虛納去哪兒了，誰會注意他在哪兒？會有很多的噪音和爭吵，在那樣朦朧的、煙霧瀰漫的氣氛下，克理虛納可以逃去任何地方。他甚至可以坐在中間靜心，而且不會有人煩他！她們只會關心彼此的沙麗和飾品。

佛陀結過婚，但是他後來逃走了。他有一個美麗的老婆，雅秀達拉，但是他逃走了。只有當他成道後，他才回家，那是十二年後。是的，如果你成道了，那你在哪兒都會是快樂的，即使在婚姻裡面，但是沒有任何成道者在成道後結婚。

兩個朋友相遇。

「哈囉，露西亞，妳那令人羡慕的愛情進展如何？」

「結束了，」她悲傷的回答。

「結束了？怎麼會？」

「我們結婚了！」

兩個朋友在聊天。

「我在報紙上登了廣告，徵求結婚對象。」其中一個說。

「很多女人回覆嗎？」另一個問。

「只有少數幾個女人…但有很多丈夫回覆！」

妻子第九次離家出走，丈夫趕去報社刊登廣告。上面寫著：「不要回來，我就原諒妳。」

一個年老的聰明女人被問到為什麼不結婚，她回答：「為什麼要結婚？我有一隻會打鼾的狗，一隻只會講髒話的鸚鵡和一隻整晚待在外面的貓，我何必還需要一個丈夫？」

善妒的丈夫雇了一個偵探去調查他的妻子是否背叛他。幾天後偵探回來了，給了他一部影片，他的妻子在影片裡面和他最好的朋友在游泳、跳舞、做愛、玩樂著。

丈夫一邊看著影片一邊說：「我真不敢相信！我真不敢相信！」

「但是，」偵探生氣的說：「我已經給了你證據！」

「不，不是那樣，」丈夫回答：「我只是不敢相信有人可以和我的妻子玩的這麼開心！」

在天堂裡，每個人都很安靜和沉默，除了保羅一直念著：「這裡多麼安靜！這裡多麼安靜！」

連聖彼得也對他感到厭煩，於是有一天他派他到煉獄去。即使在那兒，保羅還是繼續喃喃自語著：「這裡多麼安靜！這裡多麼安靜！」

大家都受夠了，他們決定派他去地獄。但是即使在地獄裡，在火焰和惡魔之中，他繼續說著：「這裡多麼安靜！這裡多麼安靜！」

於是魔王別西卜問保羅為什麼他一直這樣。

「喔，別西卜，」保羅回答：「如果你和我的妻子住在一起五十年，你也會說一樣的話！」

愛就夠了。只要因為愛而活著。可能會維持很久，可能不會，但不用擔心是否會維持很久。即使只待在那一瞬間，你也會嚐到永恆。

如果你不去擔心，反而可能會持續更久，因為恐懼是毒藥；它毒害了一切。如果你不擔心明天，你就能非常全然地活在今天，然後因為那個全然性，會出現一個美麗的明天。但是如果你擔心明天，你將會摧毀今天。而一旦今天被摧毀，明天要從哪兒來？

無懼地活——那是其中一個我要給我的桑雅士的重要訊息——而且危險地活。不要為了方便和舒適而妥協。與其活在舒適和死亡中，最好還是活在不舒適之中。至於舒適，你稍等一下——在你的墳墓裡，你會非常舒適地、沒有危險地。那裡不會發生任何事；不會有危險。你無法再死一次，不會有疾病，沒有人會離開你，你不會破產，你不會被偷走任何東西。你會非常地平靜。

你一定看過墓碑——幾乎所有的墓碑上都這樣刻著：「願你的靈魂安息。」不然那兒還能有什麼？

有個人死了。他生前就先訂作好自己的墓碑，一塊美麗的、藝術性的東西，他沒讓他妻子去訂作——她非常的小氣，所以她可能會訂作一塊普通的石頭。所以他購買了最貴的大理石，請最好的藝術家在上面雕刻玫瑰花的圖樣，並在上面刻著：「願你的靈魂安息。」

當他死後，他的妻子發現他沒留半毛錢給她。當遺囑被宣讀時，裡面只有一句話：「我是個聰明人，因此我已經把所有錢花光了。我沒留任何東西。」

妻子很生氣。她帶著藝術家到墓碑那兒，要藝術家多刻幾個字：「直到我來之前，願你的靈魂安息！」

但是不用擔心：即使妻子也無法進入同一個墳墓裡面；她們會有自己的墳墓。即使她們來了，她們也不會認出你，你也認不出她們。

你可以在墳墓裡面安息，絕對的安全，但是當你活著時，全然的活著。接受所有的不安全。在那個接受中，不安全會消失，你不需要做任何妥協。全然地愛，但不要要求永恆。只有笨蛋會要求永恆。而且記住一件事：如果你要求永恆，你只會得到虛假的東西；只有虛假的東西是永恆的。

真正的玫瑰遲早一定會枯萎，但塑膠玫瑰是永恆的；它們不會枯萎。但是它們也沒有任何芬芳，它們沒有任何生命；它們只有玫瑰的外表。

婚姻是塑膠玫瑰；愛是真正的玫瑰。在你的生命中栽培出真正的玫瑰。當然它們會枯萎——那又如何？你可以再栽培出它們，你可以不斷的栽培出它們。你可以繼續創造出更多的愛和更多人分享。

這是我的經驗——無論我說了什麼，那都是我自己的經驗——如果你全然地愛，不欲求任何永恆，那麼即使不可能的也會變成可能的。你的愛會持續一段很長的期間，也許可以持續一輩子。但不要要求永恆；那個要求會對整件事造成干擾：你從真實的變成不真實的。全然地生活！

「全然性」是我的關鍵字——從以前到現在，「永恆」一直被當作關鍵字。你一直被告知你的愛應該是永恆的，只有那樣它才是真實的；如果它不是永恆的，那它就不是真實的。這完全是胡扯！真正的愛和永恆無關；那沒有一定的關聯。它可能只會發生在一瞬間，像閃電一樣，但那不表示閃電是不真實的，因為它只發生在一瞬間。玫瑰花在早上綻放；到了晚上，花瓣開始落下、枯萎，回到泥土中休息。那不表示玫瑰花是不真實的。

但是你一直不斷的被牧師告知，如果你真的在尋找實相，那個標準就是它是否是永恆的。他們將你的頭腦從實相移往永恆，然後一旦你執著永恆，你一定會購買某些虛假的東西，然後你就失去了實相的蹤跡。實相是改變中的，不斷的改變；非實相則保持不變。你必須是可以隨時不斷改變的。

即使愛只在一瞬間發生，也要全然的待在它裡面。如果你全然的待在它裡面，下一個瞬間會因為這個全然性而到來。它是可能的——我不能說它一定是這樣，我只能說它是可能的——下一個瞬間將會加深你的愛。但它不會是相同的：它會加深或者消失，但它不會是再次相同的。不會有兩個相同的瞬間，它們也不會是相同的。

那正是生命的美，那是生命難以置信的冒險：而且它會一直是個驚喜，它總是無法預料的。如果你全然地活，一切會更深入，但是記住，當一切更深入，它們就不再是一樣的。如果你思考著永恆，你就錯過了。

所以不要問我：結了婚而仍然快樂的秘密是什麼？

我只能告訴你快樂的秘密——婚姻是無關的。如果你因為愛和感激，而和某個人生活在一起，那很好；如果它持續在你的生命中發生，那很好。如果有一天它消失了，在深深的感激中離開對方，記得那個曾經經歷過的愛——那會使你更豐富。而不是在憤怒中、挫折中、狂暴中執著於對方、彼此暴力相向、破壞性的。最好是優雅地離開。一個人應該知道如何愛，也應該知道如何優雅地離開。

第二個問題：

奧修，我的猶太父母不高興我成為了桑雅士。我該怎麼辦？

迦利默，耶穌說除非你恨你的父母，否則你不能跟隨我。現在，這些話是很奇怪的——而它們還是來自耶穌這樣的人。人們感到震驚。很難相信誰會這樣說，特別是耶穌居然這樣說，因為他說：愛你的敵人如同愛你自己。不只這樣，他甚至還說：愛鄰居如同愛自己一樣——比愛你的敵人更困難！但是談到父母，他講的很清楚。他說：除非你恨你的父母，否則你不能跟隨我。他為什麼對父母這麼苛刻？

但是如果談到喬達摩佛，那這就算不上什麼。他曾經問他的比丘——他的桑雅士，他的弟子：你們殺了你們的父母了嗎？一個像佛陀這樣的人，一個絕對非暴力的人！耶穌並不是完全非暴力的，至少他吃肉，他不反對吃魚。佛陀是素食主義者，絕對的素食主義者；他是世界上最偉大的非暴力提議者。而他卻一再地問他的弟子們：你們殺了你們的父母了嗎？

不論是耶穌或佛陀，顯然他們不是字面上的意思，但他們的話語是重要的。他們真正要傳達的是一個偉大的訊息；那是隱喻的。你必須了解那個隱喻。他們不關心外在的父母，你的父親和母親，他們關心的是內在的父母，那個你的父母在你裡面所創造的。

迦利默，不是外在的父母在支配你。他們能做什麼？你在這兒，而他們可能在數千哩外的德國的某個地方。他們能做什麼？他們無法支配你。但是你內在有些東西：你帶著你父母的內在想法、內在的反映、烙印和印象，是那些想法在支配你。如果他們不喜歡你成為一個桑雅士，你的道德觀會因此感覺有罪惡感。你會感覺你在傷害你的父母，感覺那樣不好，感覺不該是這樣，感覺必須做些事。

但是父母總是反對任何嶄新的事物。

佛陀的父親對他感到不悅；他非常不快樂，他生佛陀的氣。佛陀必須逃出他的王國，因為他害怕被抓到，侍從們被派來抓他。他是他父親唯一的兒子，而父親已經越來越老了；當佛陀逃走時，他父親已經七十歲了。父親在擔憂——誰來統治他的王國？各種傳聞和謠言傳到他耳裡：他的兒子變成了和尚，他在乞討，他成了乞丐。自然地，老國王會非常生氣：「這是什麼愚蠢的舉動？國王的兒子在乞討——為了什麼？他擁有一切——他何必乞討？而且還挨家挨户乞討，赤著腳走路，被一群跟他一樣的乞丐圍繞著。他在做什麼？居然在我這麼大年紀的時候背叛我！」

他自然很生氣，但真正的憤怒是別的原因。那個憤怒是因為他違反了他的宗教、他的觀念。他違反了所有父親所代表的——他違反了父親的自我。

耶穌的父母也對耶穌感到不悅。他們是正統的猶太人，有個講道內容很奇怪的兒子，講話方式好像比摩西知道得還多的兒子，他們怎麼能開心得起來？——因為耶穌一再地說：「在過去是這樣說的⋯但我現在對你們說那是錯的。過去說如果有人對你丟石頭，你也要向他丟石頭。但我對你們說，如果有人打了你這一邊的臉，把另一邊的臉也給他打。」

現在這完全違反了猶太人對於正義的觀念；這幾乎是反猶太的——因為在塔木德經中，連猶太教的神也宣稱：我是一個善妒的神。如果你反對我，我將會摧毀你。

祂也確實摧毀過兩座城市。發生在廣島和長崎的事件，猶太教的神在三千年前就做過！祂摧毀那兩座城市的原因是人們的行為不符合祂的道德觀，因為他們淫邪的行為。於是祂摧毀了那兩座城市。

但是不可能全部的人都是不道德的，即便所有的人都是不道德的，他們不道德的程度也不可能一樣。城市裡面有的是小孩；他們不可能是不道德的。他們根本不知道什麼是道德，什麼是不道德。城市裡也有非常年老的人；他們不可能是不道德的。還有的是完全無法下床的病人。他們能做出什麼不道德的行為？但祂是如此憤怒，因此祂將這兩個城市完全摧毀，只是為了給人類一個教訓。

這個年輕人，耶穌，他說：原諒⋯他在反對整個猶太教的觀念。他教給人們如何接近神的新觀念、如何接近神的新看法、如何接近神的新方式。使他的父母很生氣。

曾經發生過一件事，耶穌正在講道，門徒和群眾圍繞著他。他的母親來了，某個人通知耶穌：「你的母親在外面等你，她很急著見你。」據說耶穌說：「告訴那個女人——不是「我的母親」——他說：告訴那個女人，我沒有父親，我沒有母親，我沒有任何親人。我所有的親人是那些跟我在一起的人；那些不是跟我在一起的人，我跟他們沒關係。叫她離開。」

這似乎很過分，似乎很殘忍，但是這有個原因。這些都是象徵性的故事，我不認為真的發生過這件事。我不認為耶穌會說：「告訴那個女人……」但這個故事說了某些事。你必須將父親和母親灌輸到你內心深處的觀念拋棄掉；只有那樣你才能成熟。如果你繼續帶著那些觀念，你將仍會是幼稚的，你永遠不會成熟。沒有任何父親和母親會想要你成熟，因為成熟意味著你將會是自由的。

所有宗教都教你尊重父母的原因很簡單，如果你尊重父母，你就會尊重過去，你會尊重傳統，你會尊重習俗。如果你尊重你的父親，你也會尊重天父。如果你不尊重父母，那你自然會脫離傳統，這是任何教會都無法接受的。

我不會叫你不尊重父母，我會說只有當你免於父母灌輸給你的觀念的束縛時，你才會尊重你的父母；否則你的尊重會是錯誤的、虛幻的。只有當你完全地免於他們的束縛時，你才會愛你的父母，否則你無法愛他們；你會繼續對他們感到憤怒。除非免於那個人的束縛，否則你無法去愛那個人。如果有存在任何形式的依賴，愛將仍然是表面上的；深入到裡面會發現恨。每個小孩都恨他的父母——每個小孩，沒有例外。而尊重都是從外面強加的。

只要看著你的無意識，深入的去看著你裡面，你會發現一個很大的報復之火。你想要報復你的父母。你是憤怒的，因為他們要為你現在的一切負責。是因為他們養育你的方式使你痛苦。是因為他們制約你的方式使你殘廢和痲木。因此，自然會有憤怒。

我要你覺知到它，這樣你才能拋棄它，因為無論他們做了什麼，他們都是無意識的。他們必須被原諒。原諒他們。

耶穌說：恨你的父母；佛陀說：殺掉你的父母。我說：原諒他們——那是更困難的。原諒他們，因為無論他們做了什麼，他們都是無意識的；他們受到他們父母的制約，然後他們的父母再受到他們父母的制約，以此類推。即使亞當和夏娃也受到他們的父親——神所制約，制約是從那裏開始的。神要為亞當受到的制約負責：「不要吃知識樹上的果實。」那個「不要」變成一個吸引；那是負面的制約表達的方式。如果直接地對你說不要做某件事，你裡面會出現一個很大的衝動，你會想要去做，想要經驗過。為什麼？神為什麼如此說？——因為知識樹不可能是不好的，博學多聞不會是不好的。如果你變聰明，這有什麼錯？聰明是好的，知識是好的。

亞當一定有想過：「神試著不讓我變得跟祂一樣全知，這樣我就只能一直依賴祂，這樣我就只能一直尋求祂的忠告，這樣我就永遠無法靠自己生活，這樣我就永遠是祂的影子。祂不想要我是自由的、獨立的。」那是一個簡單的推論。

而那正是魔鬼所做的——他對同樣的事提出質疑。他告訴夏娃⋯他為什麼選擇夏娃而不是亞當？——因為如果你說服了妻子，如果妻子相信了，那你就不用擔心丈夫了。

每個廣告專家都知道這點，因此所有廣告都是針對女人設計的。一旦她們被說服了，那就沒有人可以再使她們不相信，至少她們的丈夫做不到。他們必須聽從，他們必須照做，因為如果你不做，女人會一直折磨你。

魔鬼是最早的廣告專家。他是先驅，他是整個技巧的奠基者。他不擔心亞當——他一定知道所有丈夫都是懼內的，所以何必擔心他們？只要能說服妻子。他說服了她，當然她會相信，因為那個邏輯是無可置疑的。他說：「神禁止的原因只是不想要妳跟祂一樣。一旦妳吃了知識樹的果實，妳就會變得跟神一樣。而神是善妒的，祂在害怕。如果妳不吃它，妳就是笨蛋。去成為神吧！」

誰不想成為神？一旦誘惑出現在那兒，就很難去拒絕。但整個制約都是來自於神；那是一種負面的制約。

你的父母並不需要為此負責。無意識的人無法負責：他無意識的生活，他不知道他做了什麼。

迦利默，你必須深入到你裡面，清除你裡面所有你的父母灌輸給你的觀念，不管是正面的或負面的。然後你就會非常同情你的父母，非常的同情也非常的感激，因為無論他們做了什麼，他們都已經做了——對他們而言，至少——以為這是好的。他們不是故意要對你做任何不好的事。即便現在，如果他們反對你成為桑雅士，如果他們不高興你當了桑雅士，那也是因為他們以為你落入壞人的手裡，以為你脫離了他們的傳統。他們害怕你誤入歧途，你以後可能會受苦，有一天你可能會後悔。他們在為你擔心。

他們的愛是無意識的，因此你不需要聽從他們，但你也不用生他們的氣；你必須了解他們。

你說：我的猶太父母不高興我成為了桑雅士。

首先，他們是猶太人；那是世界上其中一個最古老的宗教。世界上只有兩個古老的宗教，猶太教和印度教。一個傳統越古老，它的影響就越深；也就摧毀了更多人。任何新的事物還不會有太大的影響。

我的桑雅士可以腳步輕盈的走著路，幾乎像是在跳舞。但一個五千年的古老傳統創造了一個很大的重擔；它是一個冗長的過去。他們無法原諒耶穌，又怎麼能原諒你？而且耶穌沒有成為我的桑雅士！事實上，他從未脫離那個傳統；他還是一個猶太人。記住，他不是一個基督徒，因為那個時候沒有基督教。基督教是因為他的死而誕生的，因為他被處以十字架刑而誕生的。所以我常把基督教稱為「十字架教」；那和基督無關，而是和十字架有關。那就是為什麼十字架變成了基督教的象徵——遠比基督來得重要。

他們無法原諒耶穌，他從未脫離那個傳統。當然他所談論的東西看起來有點奇怪，有點新穎。他是在帶入一道全新的光；他在清理猶太人的意識之鏡上的老舊灰塵。但是他們從未能原諒他，即使到現在也一樣。我還沒看過任何猶太人寫過支持耶穌的書。他們仍然認為他是錯的，他們仍然認為對他處以十字架刑是對的，他們仍然認為他是一個罪犯。

然而要成為我的桑雅士會是更危險的，因為那是在完全地脫離所有的傳統。

不只是從一個傳統改變到另一個傳統，而是要將傳統拋棄。它是不再成為傳統的；它是成為非傳統的，不依照習俗的。它是純粹的革命！自然他們會害怕，因為很多原因而害怕。

在我和猶太人之間存在著一種吸引。我吸引了許多猶太人來到這兒，有時候我會好奇——是因為我是猶太人嗎？還是別的原因？——因為猶太人不容易被別人吸引。他們對耶穌沒有任何興趣。他們對任何人都沒有興趣。他們為什麼來找我？我觸碰到他們內心深處的某些東西。事實上，他們承受著傳統帶來的苦遠勝於任何人；那就是為什麼他們對我的見解非常有興趣，因為我是反傳統的。他們想要擺脫那些傳統。

一個猶太人和一個黑人在一列火車上坐在一起。猶太人突然發現到黑人在看一本以色列雜誌。他安靜了一陣子，然後對他小聲說：「嘿，朋友，當一個黑人還不夠嗎？」

迦利默，你的父母可能在擔心：「當一個猶太人還不夠嗎？現在你還想受更多苦？」因為和我在一起將會是危險的。自由比世界上的任何東西還要危險。自由是火：它會燙傷你的自我，而由於它燙傷了你的自我，它也會傷害很多其他人的自我，他們都會變成你的敵人。

而且猶太人是非常世俗的人。它是唯一非常世俗的宗教。有兩種宗教：世俗的宗教——猶太教代表了世俗的宗教——也有非世俗的宗教，例如，佛教。佛教徒會反對我，因為對他們而言，我看起來有點世俗，而對猶太人而言，我有點非世俗。

我是兩者：我是一座橋。我的桑雅士是一個綜合，因為我不區分「這個世界」和「另一個世界」。對我而言，兩者都是美麗的。一個人必須同時生活在這兩個世界裡，因為它們不是分開的，它們是不可分的。這個區分的概念變成了一個很大的災難。

猶太人對金錢的興趣遠勝於靜心。現在，想到你成了一個靜心者會使他們害怕：「你在做什麼？這是去賺錢的時候。這是要根植於俗世的時候。不要浪費這些寶貴的時間！」對他們而言，你還年輕的時候，你可以做任何事；等到你老了，你就越來越難賺到錢、取得權力、名望，聞名於世。你在這兒是在浪費時間。

即使對於那些待在這兒的人，如果他是猶太人，那些想法仍然徘徊不去。幾天前有個桑雅士，心情愉快的去到社區的辦公室——她一定是在靜心中遇到某些無形的東西，她可能在演講中是保持安靜的，她可能瞥見到某個未知的東西。在那些片刻中，即使你是猶太人，你的猶太人特質也會消失不見。她去了辦公室說她想要捐獻十萬元給新社區。五分鐘後她又回來，她說她不想捐了！有人問她：「怎麼回事？好的，我們會取消那筆捐款。是妳自己要捐獻的，沒人要求妳。妳自己要求的；現在，只不過五分鐘…發生什麼事了？」

她說：我去找阿米達，我的一個朋友，他說：「妳是笨蛋嗎？立刻去取消！他一直責罵我！」

現在，阿米達是一個波蘭裔的猶太人！那是你所能發現到的最危險的結合──波蘭人和猶太人！當然，他愛我，非常的愛我──他在這兒，他是我的一個高階治療師，他住在我的房子裡，老子屋──但是猶太人的特質還是在那兒！

伊薩克非常興奮地打電話給大衛：「快過來，大衛，我做了一樁很棒的買賣。三百件褲子只要五十元！」

大衛趕去找伊薩克，當他到了那兒，他發現三百件褲子堆在那兒。他檢查了那些褲子後對伊薩克說：「伊薩克，這些褲子只有一隻腳！沒有人可以穿！」

「聽著，大衛，」伊薩克回答：「有的人只有一隻腳。而且我已經告訴你了

——我們必須賣掉它們，而不是去穿它們！」

一個猶太人從以色列來到芝加哥；這是他第一次來到美國。那兒正在下雨，於是他進入一家商店買雙鞋子。當服務員告訴他鞋子要二十元時，他想到父親給他的忠告，於是開始殺價：「十元！」

「那是不可能的！」服務員回答。

「十元，不然就算了！」猶太人回答。

於是服務員去問了經理…然後回答：「好，十元。」

「不，」猶太人回答：「五元！」

服務員又去問了經理…「好，五元。」

「不，二元！」猶太人回答。

「聽著，」服務員說，對他感到厭煩：「拿著這雙鞋子然後滾出去！」

「不！」猶太人大喊。

「不？你不要它們？」服務員很驚訝的問。

猶太人說：「我要兩雙！」

迦利默，你的父母一定很擔心你在這兒做什麼。像你這樣聰明的人在這兒浪費時間靜心？你是瘋了還是怎麼回事，靜靜的坐著，不做任何事？那是一個猶太人應有的行為嗎？時間就是金錢——不要浪費它！

此外，無論你的父母是不是猶太人，父母就是父母；他們感覺到被冒犯——因為你認為你比他們知道得更多，因為你在嘗試新的方式，因為你試著要比你的父母聰明。

一個猶太人到了天堂，神用非常慈悲的聲音問他：「你發生什麼事了？」他說：「我的心碎了。我唯一的孩子，我的驕傲和我的喜悅，聲稱他成了天主教徒。我感覺到我的胸口很痛……」

「你不該如此絕望。即使是我唯一的孩子也這樣對我！」

「那祢做了什麼，我的主？」

「我寫了新的遺囑和新約聖經！」

所以，迦利默，他們能做什麼？他們會寫一份新的遺囑和新的聖經——讓他們這樣做！學著原諒他們。我不會要你恨他們，因為恨不是自由——如果你恨某個人，你會仍然和他保持關聯。恨是一種關係；愛則是自由。愛不是關係；恨是一種關係。那就是為什麼活在關係中的人是活在仇恨之中，而不是活在愛裡面。愛是自由。愛他們，然後你就會是自由的。但是要愛他們，你將必須先完全地清理你自己。我不會像喬達摩佛一樣，叫你殺了他們，因為謀殺不會有幫助。去了解他們。有慈悲心的。殺人是在急急忙忙的做著某件事；不需要如此急忙。而且父母親已經如此深入到你裡面；他們不只深入到你的骨頭和血液，他們已經深入到你的骨髓裡。你無法輕易地殺死他們——那是不可能的。如果你想要殺死他們，你也必須自殺，因為這樣他們才能被殺死。他們已經進入到你的存在裡：他們是你的一部分。但透過深深的了解，你會免於他們的束縛。

一個律師成功的讓一個殺死他的母親、老婆和妹妹的猶太人被判無罪釋放。離開之前，他對那個人說：「由於你還有一個父親，我不得不說：我們很快就能再見面！」

我不會這樣建議，我的方法是更微妙的。耶穌和佛陀說的是非常原始的方法；我要說的是更精微的——必須是這樣，現在是二十世紀！原諒他們。了解他們。所有問題都在你裡面；那和外在的父母無關。如果你可以放鬆在你裡面，如果你可以對他們感到慈悲——他們已經因為自己的方式而承受著痛苦⋯他們已經浪費了他們的生命，現在他們想要浪費你的生命，因為那是他們唯一知道如何活下去的方式。你裡面一定會升起很大的慈悲心，由於那個慈悲心，也許你可以給他們一些幫助，因為慈悲心運作的方式非常微妙。愛是世界上最偉大的奇蹟。

我不會要你離開這兒去聽從他們、跟隨他們、滿足他們；那是錯的。那會摧毀你的生命，也不會對他們有幫助。你必須保有自己，同時有慈悲心的、寬容的。如果你回去了，保持有慈悲心的、寬容的。讓他們感受到你的慈悲，你的愛，你的喜悅。讓他們感受到你的慶祝。讓他們感覺到透過成為桑雅士所發生在你身上的。讓他們看到那個不同。

佛陀的父親一直是憤怒的，直到他去見了他。即使他去見他的時候，有一段時間還是很生氣，他的雙眼充滿了憤怒以致於他看不見他。佛陀保持沉默。父親不斷侮辱他：「你傷的我很深——你幾乎殺了我。你為什麼在十二年後還要來見我？我已經等的夠久了！你已經不是我的兒子，你是一個敵人！」

佛陀聽著，完全沒說一句話。突然察覺到兒子一句話都沒說。他問：「你為什麼不說話？」

佛陀說：「首先，說出你這十二年來攜帶的一切。發洩，然後卸下你的負擔！只有當你卸下負擔，你才能看得見我。有一件事我想對你說：你是在對某人說話，不是對你的兒子。那個離開皇宮的人已經不會再回來了——他已經死了。我是一個全新的人。我帶著新的意識、新的愛、新的慈悲而來。但是首先你要卸下負擔，否則你的雙眼充滿了暴怒，你無法看見我。先讓你的眼睛看得見。」

他的父親憤怒的發抖著。慢慢的，他冷靜了下來；這個回答使他冷靜了下來。憤怒的淚水從雙眼流下。他擦著淚水，再次看著他。「是的，這不是離開我的皇宮的那個人；這是一個完全不同的人。當然，臉是一樣的，體態是一樣的，但卻是一個全新的存在——那個震動的氛圍是從沒見過的。」

他趴在佛陀的腳下說：「請你也點化我，因為我現在很老了；死亡很接近了。我也想經驗到你經驗過的。請原諒我和我的憤怒。我不知道什麼事發生在你身上。你能來這兒很好。實在太好了，你還記得我，你並沒有忘記我。」

所以無論你何時回去，迦利默，讓他們先發洩。記住，他們是德國父母，他們的發洩會比佛陀的父親還要冗長！靜靜地聽。不要生氣。保持靜心的、鎮定的、安靜的，你的冷靜會轉變他們。如果你真的想幫助他們⋯⋯

每個桑雅士都應該幫助他的父母，因為他們生了你。他們以某種方式養育你長大，某種他們能力所及的方式；不可能要他們用別的方式。無論他們能做什麼，他們都做了，他們是為了你才這樣做的。至於那個做法是好是壞，那是另外一件事，但他們的意圖是好的。所以無論你何時回到家，記得去幫助他們。

第三個問題：

奧修，你不會對我們和我們的愚蠢感到厭煩嗎？

古魯達斯，我很享受它！此外，我得做點事，這是一個人唯一可以一直做的事。

耶穌感到無聊，於是他去見天父並問：「父親，給我一些事做——我很無聊！」

「拿把銼刀去把喜瑪拉雅山的山頂弄平滑點，」天父說。

七千年後，耶穌回來了。

「現在我能做什麼？」他又問了天父。

天父給他一把湯匙，叫他把印度洋的水舀乾淨。七千年後，他又回來了。

「完成了…現在呢?」他問天父。

感到厭煩了，天父看著他說：「聽好，去地球上說服每個人彼此愛對方——那會讓你忙到永恆!」

我不是牧師;那不是我的工作。不然一個人一定會感覺很無聊、很疲倦。那是我的喜悅，我的愛!

教皇正重新裝潢他在甘多爾福堡的避暑別墅。當工作完成後，他和主設計師去確認成果。一切都很完美。

當他去到臥室，裝潢的人，做了最後的裝飾，在床頭上掛了一個美麗的十二世紀的古董十字架。

「噢，不，不，不，我的孩子!」教皇大喊：「我已經告訴過你，不要放任何會讓我想到辦公室的東西!」

這不是我的工作，這是我的喜悅，這是我的玩樂。我真的很享受它!

一個俄羅斯太空人從他的太空之旅返回。勃列日涅夫接待了他：「告訴我實話，同志。你在那兒有遇到神嗎？」

「如果你想聽實話——是的，我有遇到祂！」太空人回答。

「我想也是，」勃列日涅夫回答：「現在答應我，永遠不要告訴任何人。」

幾個月後，同一個太空人被教皇接待。當他們周圍都沒人了，教皇小聲的問他：「現在，我親愛的孩子，請告訴我——你在那兒有遇到神嗎？」

為了信守他的承諾，太空人回答：「不，很不幸地沒有。我尊貴的教皇。」

教皇悲傷的回答：「我想也是，現在聽著，答應我，永遠不要告訴任何人。」

第四章
找到你自己的神

第一個問題：

奧修，請談談像貝托爾特布萊西特這樣的人，他們如同閃耀在二十世紀的憤怒之光，否定宗教和靈性卻又擁有巨大創造性的愛。

提姆格林，好幾世紀以來，宗教對於生活的態度一直被認為是消極的。顯然地，任何消極的生活態度是無法有創造力的；從根本上就已經不可能是有創造力的。創造力需要正面的生活哲學，創造力需要對存在有一股巨大的愛，而所謂的宗教一直在教導人們棄世，拋棄生活；它們一直是反對生命的。

因此，不會有任何有創造力的人會對這樣的宗教有興趣。如果他是有興趣的，他將會失去他的創造力；如果他想要保持有創造力，他就必須犧牲他的宗教性。宗教沒有給予其他選擇。由於這樣，只有沒有創造力的人會對宗教有興趣。

我不是在說喬達摩佛、老子、查拉圖斯特拉、耶穌、穆罕默德、馬哈維亞、克理虛納、卡比兒、那那克；請把這些名字放到一邊。他們有無限的創造力，他們是存在的詩人。他們是比你們所謂的詩人還要更重要的詩人——他們的整個生命是詩意的。他們是偉大的音樂家。他們也許從未演奏過任何樂器，但他們的心充滿了和聲、音樂、旋律。他們的心跳是有節奏的心跳、有音樂的心跳。他們的生命是支舞，是首歌，是一個慶祝。因此，請把這些人放到一邊。

但是宗教和他們無關。基督教、印度教、耆那教、佛教、回教，這些有組織的宗教和他們的奠基者無關。如果你深入看，如果你對這件事靜心，你會很驚訝。這是我的觀察：稱自己是基督徒的人完全和基督以及祂的訊息無關；事實上，他們反對基督所支持的一切，他們反對基督為之犧牲生命的一切。稱自己是印度教徒的人和克理虛納完全無關；雖然他們膜拜祂，那個膜拜對他們的生命不會造成任何影響。他們沒學過克理虛納說過的方法；事實上他們依自己的想法來解讀克理虛納。同樣的事情也發生在佛教徒、耆那教徒以及其他宗教上。他們都反對最初的奠基者。他們都成了教士的犧牲者——而教士和宗教完全無關。

教士和政客一同共謀來剝削人們，而剝削人們最好的方式就是摧毀他們的智慧。當然，像貝托爾特布萊西特這樣的人無法支持這樣的宗教。這些宗教在奴役人類。它們不是在幫助人們解脫、獨立、做自己；相反地，它們把他們變成奴隸；它們以宗教之名創造了巨大的監獄。那個策略是精微的——非常精微，非常狡猾。基本的策略就是全世界所有的宗教都用同一個方法。

那個策略的第一個也是最重要的原則就是：摧毀人們對生命、喜悅和慶祝的愛。一但是人們的根被從存在切斷，他們會開始畏縮，他們開始失去養分的來源。他們整個存在已經被毒害了。

他們無法真的逃離生命——沒有人可以真的逃避生命。即使逃到山上的人也必須依賴在俗世工作的人。沒有人可以真的逃避生命。那些進入修道院的人也依賴住在外面的人；他們依賴他們維持生計。

如果全世界，全人類都棄世，那會是全球性自殺。佛教和尚必須向那些還不是和尚的人乞討。基督教修士必須依賴那些活在俗世的人的捐獻。當一個人活著的時候，他無法可以真的逃避生命，那是不可能的。但是你的源頭可以被毒害。你無法逃避生命，你無法全然地生活。你開始對活著感到愧疚：你開始感覺活著好像是一個罪惡。你開始盡可能的切斷你的生命力；你開始以最低的需求活著。你只接受必要之惡。

那就是為什麼笑聲已經消失了，整體已經消失了。人們看起來很悲傷；他們的存在變得沒有意義。他們是沒有創造力的；他們處於某種過渡狀態，不是在這兒也不是在那兒。那就是你們的宗教已經做的事。

我同意像貝托爾特布萊西特這樣的人。我也不支持所謂的宗教和靈性。但我不是完全地同意貝托爾特布萊西特，理由很簡單，無論宗教做了什麼，那不是真正的宗教所做的。真正的宗教還未到來，真正的宗教仍待誕生。去反對基督教，去反對印度教，去反對回教，去反對佛教——我同意——但是不要反對宗教性，因為這表示你認為有組織的宗教和宗教性是一樣的；並非如此。譴責牧師、譴責教皇、譴責商羯羅，但不要譴責佛陀、老子、耶穌和穆罕默德。他們對人類的內在成長有無限的貢獻；他們是有創造力的。當然，他們被錯誤的人解讀，但是他們能怎麼辦？他們需要像貝托爾特布萊西特這樣的人來解讀他們。

所以我可以同意貝托爾特布萊西特某些看法，但不是全部。所謂的宗教必須從地球上連根拔除，因為那是真正的宗教到來的唯一方式，真實的來到，但真實的宗教性不能被譴責。如果你譴責它，那結果會是：提姆格林在問題中說的：如同閃耀在二十世紀的憤怒之光，否定宗教和靈性卻又擁有巨大創造性的愛。

現在，愛無法是憤怒的。憤怒是摧毀性的，愛是創造性的。憤怒是恨的一部分；它從不是愛的一部分。那就是貝托爾特布萊西特錯過的地方。如果你反對宗教性，那你會是有創造力的，但你的創造力會是病態的。它會在疾病中感到自在，但它不會是美麗的。

你可以看出來。所有的現代藝術都是醜陋的，原因是它不是來自任何靈性的源頭，它裡面沒有任何靜心的品質。你可以看看畢卡索的畫：它們顯示出人裡面的某種瘋狂。畢卡索是一個天才——只需要一點靈性，他就能勝過米開朗基羅。他有那個能力，他有那個天賦，他有那樣的聰明才智，但是某些東西失去了。他處於混亂中，他沒有內在的規律。

那就是為什麼米開朗基羅創造出美麗的藝術，而畢卡索卻創造出醜陋的藝術。看看畢卡索的畫，一個人一定會被某些裡面的瘋狂打擊到。

有很多關於畢卡索的故事……

一個美國百萬富翁去找畢卡索。他想要兩幅畫，而且立刻要它們。他準備好用任何價錢支付——錢不是問題。畢卡索有點困擾，因為他只剩一幅畫。他開了一個價，他以為那個富翁會說：「那我只買一幅。」

但是他說：「好，我會付錢。畫在哪兒？把畫拿來，支票給你！」

他進去房間，把他的畫切成兩半，給了那個百萬富翁。

事實上，你可以切成四份；但是那沒有任何差別。

我聽過另一個故事：

一個富有的女人要畢卡索畫她的肖像；他畫好了。當她來了，她看了那幅畫說：「一切都很好，除了鼻子我不喜歡。你把鼻子重畫。」

畢卡索說：「那是不可能的。」

她說：「為什麼不可能？我準備要付錢了。如果你要更多錢也沒問題。」

他說：「不是錢的問題。問題是我不知道那個鼻子在哪兒！」

一個男人到相親服務那兒尋找伴侶。仲介說：「我有一個適合你的美麗女人，一個非常有錢的寡婦。當然，她年紀比你大點，但是有這麼多錢，我認為你不會想錯過機會。而且她很美麗！跟我來。我為你介紹。」

男人去見了那個女人。當他看到她時，他無法相信——他從沒有看過這麼醜的女人。一隻眼睛看著這個方向，另一隻眼睛看著另外一個方向。她有一個鷹勾鼻和暴牙，她的頭髮是假髮，這一隻腳比另一隻腳長。只是看到就很噁心！

他小聲地對仲介說：「你把這個叫做美麗？」

仲介說：「不需要小聲說話——她聾了！你可以大聲說出任何想說的話。如果你不喜歡畢卡索，我也沒辦法。那不是我的錯！」

現代藝術是醜陋的，原因是裡面沒有任何心靈層面。現代詩是醜陋的。現代音樂只是噪音——和性非常連結的，因為當裡面沒有靈性，剩下的只有性。靈性和性都是同樣的能量，但靈性處於更高的層面，最精煉的層面。性也是同樣的能量，但是非常粗糙，處於最低的層面。性是動物的能量；同樣的能量透過心靈的技巧會轉變成靈性，變成三摩地，變成超意識；它變成神性的能量。

因此貝托爾特布萊西特是憤怒的。那個憤怒可以被理解。但憤怒不會是有創造力的；即使創造了，那個創造力也會帶著某種破壞性的東西在裡面。

你會驚訝的知道，當希特勒年輕時，他想要成為一個畫家。他被藝術學院拒絕入學。然後他想當一個建築師，但是再度被拒絕。同一個人變成本世紀已知的最有破壞性的人——不只是本世紀，而是整個歷史。如果他能進入藝術學院，他會變成另一個畢卡索；他的畫是破壞性的。

他畫過一些東西——那些畫還在。從那些畫可以理解他很多事。他很大比例地使用血紅色。他最愛的顏色是血紅色和黑色；他用這兩個顏色繪畫。他有留下一些畫和建築設計的構想；它們不像泰姬瑪哈陵，它們像瘋人院！但是這個人變成有權力的，他變成了政客，而他確實用活生生的人類在巨大的人類油畫上完成他的畫、建築設計和藝術作品。但仍是用二個顏色：暗黑色，死亡的顏色；血紅色，謀殺、憤怒和暴力的顏色。

貝托爾特布萊西特可以成為一個佛，如同尼采一樣。但是他們太執著於所謂的宗教。他們不斷反對所謂的宗教，反對真正的宗教。那是他們錯過的原因，他們走錯方向了。

我反對所謂的宗教，但是我支持真正的宗教。事實上，我反對所謂的宗教是因為我贊成和支持真正的宗教。

記住，真正的宗教並不是因為反宗教而處於危險之中。真實永遠不會因為不真實而有危險；它總是因為虛假的真實而處於危險之中，因為虛假有著真實的外表。我們必須改變那個控制人類好幾世紀的整個模式。

我的方法是肯定生命的。我教我的桑雅士成為有愛心的、喜悅的、有創造力的、藝術的。過去所謂的宗教一直是悲傷的和嚴肅的。我教我的桑雅士去愛、歡笑和慶祝。慶祝是唯一真正的祈禱；它是我們唯一可以對神表示感激的方式。棄世等於是在抱怨神。神給予你生命作為禮物，而你卻放棄它！生命是一個貴重的禮物；你必須感激它。那個感激會帶來靈性。

像貝托爾特布萊西特這樣的人是美麗的。如果他們能區別出宗教中什麼是虛假的、什麼是真實的，他們會有極大的重要性，但是他們一致地譴責宗教。

那正是所有西方頭腦錯過的地方。在尼采死後一百年，所有的西方知識分子就一直譴責宗教。尼采宣稱：「神已經死了，現在人是自由的，」從那時候起，這就成了所有知識分子不變的口號。我可以理解原因。但尼采應該說：「牧師的神」至少他可以把「牧師的」加上括號，這樣事情就很清楚——因為牧師的神不是神秘家的神。牧師的神不需要是死的——祂一直是死的！牧師的神從未活著的神是神秘家的神。

我教給你們神秘家的神。

神秘家的神不能透過信仰找到，而是透過深深的向內看而找到。那和宗教理論無關；那和向內尋找一個你的存在的洞見有關。當你知道你是誰的那一瞬間，你就找到了神，在那個尋找中，你找到了自由。牧師的神應該要死掉，那是好事，祂應該被丟掉，這樣你就能找到你自己的神。你自己的神就是你的自由，你的真理。

如果你找不到自己的真理，你就會一直憤怒，你的生命注定是無意義的、徒勞的。無論你創造了什麼，都不會是美麗的創造；不會像玫瑰、鳥兒的歌聲、日落和星辰，它會是來自瘋狂頭腦的某種東西。某方面來看可能會有點幫助，因為你自己的瘋狂必須丟到油畫上，或是丟到你坐著休息的石頭上——那像一種淨化作用——但是對別人就不好。那些尋找你作品的人會被感染；它會變成傳染病。

看著佛陀的雕像。只要坐在佛像前面，靜靜的看著它，你會驚訝：你裡面的某些東西也會開始靜下來；你裡面的某些東西也會變成安靜的、靜止的、沉默的。

葛吉夫把它稱為「客觀藝術」，因為創造這個雕像的人，出於他自己的靜心而創造出來；那是一個靜心的工作。那個雕像可能不會準確地表達喬達摩佛的體態——不會真的表達出來；它是象徵性的。它代表了他的靜心，不是他的身體；不是他的頭腦，而是他的存在。它代表了他的寂靜。

「無事此靜坐，春來草自生。」它代表了那份寧靜。他並沒有做任何事。只是坐在佛像前面，然後你就會落入一個深深的寧靜中。坐在畢卡索的畫前面，你會處於混亂之中；你會開始憤怒，你會開始煩躁。你無法進入靜心；那是不可能的。如果你把畢卡索的畫放在你的臥室，你會做惡夢！

第二個問題：

奧修，我為什麼不能理解你的哲學？

維拉瑪，你說的是哪個哲學？這根本不是哲學，這是生活的真理！我不是在教給你任何教條；我只是和你分享我的愛、喜悅、洞見和我的光。哲學是頭腦的某種東西，我很久以前就拋棄頭腦了。發生在這兒的是交流；那是心的交流。我使用語言是因為你們不了解寧靜，但是所有我講的話都是為了幫助你有一天能了解我的寧靜。那些話只是指向月亮的手指。看月亮，不要咬我的手指！

那和哲學完全無關。哲學是一種非常平凡的東西；那是對真理的想像。它就像盲人在想像光：他可以繼續想像，但是你認為他會得到關於光的任何結論嗎？只是長時間想像著光就能夠讓他有任何看見光的經驗嗎？他可能會知道所有關於光的事，但是知道關於光的事並不是知道光；知道光是一個完全不同的現象。那會需要雙眼，不是想像。

我不是哲學家，我是醫生。我想幫助你睜開你的眼睛。你在很多很多世中都一直閉著它們，你已經對閉眼睛上癮了；你已經忘記你可以睜開它們。我在這兒只是要提醒你，你的眼睛沒有問題——只要睜開它們！然後無論你知道什麼，那都會是神。神不是信仰而是經驗。

哲學家已經花了他們的一生去定義他們的哲學。

沙特說：「存在就是作為。」

卡繆說：「作為就是存在。」

然後法蘭克辛納屈說：「想做什麼就做什麼。」

而這是我的非哲學：「存在就只是存在。」

關於真理，沒有什麼要做的事。沒有要做什麼的問題，那是存在的問題。你不需要試著理解它。

那是你搞錯的地方，維拉瑪。如果你試著理解它，你一定會誤解它，因為理解表示一種頭腦的努力。

而你的頭腦是一團混亂。你的頭腦充滿一千零一個思想體系。你的頭腦完全地靠不住！

兩個嬉皮，一邊共享著一支大痲煙，一邊過著街，突然一輛鳴著警笛、閃爍著紅燈的警車以時速六十哩的車速呼嘯而過。

其中一個嬉皮慢慢轉過頭對另一個嬉皮說：「我想那些警察不會離開！」

頭腦是一種毒品，它使你一直被痲醉。你必須擺脫頭腦；你必須把它放在一邊。然後就不會有理解的問題；你會看見它的實相。那是看的問題，不是理解的問題。

我帶著你朝向無念的狀態，而你卻試著透過頭腦來理解；那是不可能的。頭腦沒有理解無念的能力——無念是無法理解的，顯然地，頭腦無法抓住它，它只能拒絕它。

把頭腦放到一邊。聽我講話的時候，不要試著理解，只要靜靜地聽。不要去思考我講的是對是錯。不用擔心是真是假。我不是要你相信它，所以不需要思考它是否正確。聽我講話，如同你聽著鳥兒唱歌、如同你聽著風吹過松樹，如同你聽著流水的聲音。

但是你仍然待在頭腦裡面。頭腦使你幾乎被思想、概念和解釋麻醉了。

馬力歐每次喝醉後都找不到回家的路，於是他的朋友叫他在門口放一盞提燈。馬力歐照作了，一晚，當他喝醉回家時，他看到了提燈：「那一定是我家！」於是他拿起提燈，走上階梯，進入臥室後說：「沒錯——這是我的床，那是我妻子，我睡在她旁邊！但這個頭上有一盞燈的傢伙是誰啊？」

覺知你的頭腦！你從不認為它是一種毒品——它是一種非常精煉的毒品。社會從你兒時起就不斷麻醉你。它使你的生活被分成很多部分，然後歪曲了一切。無論你看到什麼，你都是透過頭腦看；無論你聽到什麼，你都是透過頭腦聽——然後它會很快的透過同意或反對來理解。

聽著，如果你一直思考要同意或反對，你會繼續錯過我。

一個醉漢突然發現他來到一間奢華的游泳俱樂部，經理走過來時，他正站在泳池旁。

「抱歉，先生，但是我們必須請你離開，」經理對他說。

「我為什麼得離開？」醉漢問。

「因為你在游泳池裡面小便！」經理大喊。

「你覺得我會是這間俱樂部裡唯一在游泳池小便的人嗎？」醉漢問。

「從潛水板上，是的！」經理回答。

你不知道你站在哪兒、你不知道你在做什麼，你不知道你是誰。我在這兒全部的努力就是要把你帶回到你的意識——從你的頭腦回到你的意識。

頭腦使你處於某種瘋狂。頭腦就是瘋狂；只是程度上的差別而已。瘋子比你稍微瘋狂一點，差別只有這樣。

也許你是百分之九十處於頭腦，某人是百分之九十九，某人已經超過百分之一百；他已經瘋了。

但唯一神志清醒的人是脫離頭腦的人，因為那時候你的視野才是清楚的，清晰的；你的意識是純粹的，就像沒有任何灰塵的鏡子。

兩個瘋子蹲在樹幹上，突然間其中一個瘋子掉到地上。

「你在做什麼？」另一個蹲在樹幹上的瘋子說。

「喔，我必須掉下來——我成熟了！」

一個男人在公園裡徘徊。突然有個人走過來，什麼話都沒說就給他一巴掌。

「幹什麼！」男人大喊：「你瘋啦？」

另一個人小聲的說：「是的——你介意嗎？」

你的頭腦一直在做夢——日復一日的繼續做夢。在白天的夢就是思想；它們是言語形成的夢。在晚上，思想就是夢；它們是圖像化的思想。但是那都沒有差別。即使當你醒著，如果你只是閉上眼睛向內看，你會發現一個微妙的圖像化的夢，持續地流動著，就像暗流一樣。

靜心意味著拋棄這個暗流：不思想也不做夢，只是存在。然後，突然間你會了解我所說的。那不是一個要看到事實才會相信的問題；那是一個了解。而事實永遠不會是結論；它總是一個了解、一個顯示。

「我每晚都做著同樣的惡夢，」一個人對他朋友說：「我夢到蘇菲亞羅蘭進入我房間…開始脫衣服！」

「什麼！你說這個是惡夢？」他朋友說。

「當然！她每次進來後都很用力關門以致於我都會被嚇醒！」

一間酒吧裡，一個印地安人和一個嬉皮坐在一起。幾個片刻後，嬉皮轉頭對印地安人說：「聽著，朋友——你已經瞪著我超過一小時了！給我小心點！」

印地安人回答：「很多天以前，我和一隻臭鼬靠在一起…我一直在想你可能是我兒子！」

當你和我在一起，停止這類的胡說八道！我在這兒不是要幫你更清楚地思考、更邏輯地思考、更複雜的思考、更有哲理。我所有的努力是要使你覺知到所有思考的愚蠢。然後寧靜會來到，當寧靜來到後，看見會接著來到。當一切都仍然在你裡面。當沒有東西在你裡面攪動，你就能了解我所說的，了解佛陀在二十五世紀以前所說的，了解葛玄在二千年前所說的。你不再只是了解我，你也會了解所有過去、現在和未來的成道者，因為你將能達成自己，你將能自己經驗到。那是個有沒有經驗到的問題。

第三個問題：

奧修，你的門徒不是很多了嗎？為什麼還需要你的錄影帶和你的社區？

德瓦許，我在這個世界上只有一萬五千個桑雅士——那只是人類海洋中的一滴水。如果你要轉變人類的意識，這還不夠；那只是開始，只是一粒種子。我們必須持續散播這個新訊息——新的意識，因為所謂的宗教，就是最古老的宗教，無論任何時候有任何人了解，他了解的都是同樣的真理。

真理從未改變；它總是相同的。誰知道是沒有差別的，當一個人知道了它，不會造成任何差別。時間和空間沒有影響。

而且這是人類歷史上非常重要的一刻：人類不是摧毀自己就是誕生出新人類。轉變人類的意識從未如此重要過，像今日一樣，為人類的洞見帶來一個根本上的改變從未如此重要過。而且我們必須快點，因為時間很緊迫。政客們在累積原子彈、氫彈等等。短短十年內，摧毀人類的武力已經增加了七百倍。十年前還無法摧毀人類；現在卻可以摧毀人類七百次。那似乎是完全的瘋狂。有什麼必要？——因為我們並不知道有其他星球的存在。是的，科學家說有五萬個行星是有生命的，但那只是假設。人類永遠無法抵達那些星球——最多只能抵達月球。

而且那些行星在很遠很遠的地方。最近的也要四光年；那表示一架太空船如果用光速行駛——那是不可能的，至少接近不可能，因為光速是無限的：光每秒鐘可移動十八萬六千哩。如果我們能創造一架太空船可以用這樣的速度行駛，那也要四年才能到那兒，回來還要再四年。但似乎不可能創造這樣的太空船，因為任何以這種速度移動的東西都表示它變成了光；它會融解變成光。太空船會融解而變成光，而裡面的人也會變成光；它們會消失。這樣的速度下以及因此產生的熱，以致於一切都變成了光。我們還不知道有任何金屬可以承受這樣的速度和熱。

而那些科學家認為有生命存在的行星有數千光年之遠，似乎不可能摧毀它們。那為什麼要繼續累積原子彈、氫彈、超級炸彈和死光武器？為了什麼？你想要殺死所有人類七百次嗎？人類一次就死了。他們不是會復活的耶穌基督，以致於你必須再殺死他們——七百次。但政客說他們這樣做只是為了預防萬一！

在這個瘋狂的世界中，瘋狂政客的力量是如此強大，靜心是地球上唯一能捍衛生命的辦法。

德瓦許，內在的革命必須盡可能且盡快的散播出去。而且，我是一個二十世紀的人——我不相信牛車。你可以看看我的勞斯萊斯！

但是即使佛陀也盡他可能，透過各種可能的方式去接觸更多人。當然，那時候沒有別的辦法，他只得從這個村莊到另一個村莊；那是唯一能聯繫到許多人的方式。但是他能聯繫到多少人？他的行腳甚至沒有超過一個省的距離，比哈省。事實上「比哈」這個字證明了他到過那兒；「比哈」這個字表示佛陀行腳過的地方，成道者到過的地方。那個省的邊界就是他行腳的範圍。但是他也無法走遍整個比哈省；他只能到一些重要的地方和路上經過的村莊。

他旅行了四十二年；年老的、生著病的。他變得很老——他死於八十二歲——不斷在比哈省炎熱的天氣下行腳，有個跟著他確保他身體健康的醫生在照顧他。他為什麼要四處行腳？為了什麼？——是為了盡可能的接觸更多人。

馬哈維亞也做了同樣的事。他們每個人都用自己的方式嘗試。

兩個修士在對話。

「你知道為什麼耶穌復活後先見到的是女人？」

「我不知道，」另一個說。

「因為這樣他復活的消息才會很快散播出去！」

我不用去任何地方；現在不需要這樣——那已經過時了。我無法透過旅行來接觸很多人，但是現在我們有了媒體。我說的話可以傳送到地球最遠的角落——它已經到了。書也是一種接觸人們的老舊方式；它們的時代已經結束了。新方法已經出現了。

一捲錄影帶是一個更適合接觸人們的方式，因為人們可以跟你們一樣聽到我講的話。聽到這些話但沒看到人是一種情況；看到人又會有其他不同。那是完全不同的，因為當你聽著我的錄音帶，你無法看見我的手勢，那能說出比我的話語更多的意義。聽著我的錄音帶，你無法看著我的雙眼，那能說出比我的話語更多的意義。某些東西會遺失掉，某些有重要價值的東西——人會被錯過。你只會聽見鬼魂般的聲音。

我會使用電影、電視、錄影帶、錄音帶等各種現代技術去散播訊息。我完全地屬於二十世紀，全心全意地。我愛這一世紀；我不反對它。我愛科學和它的技術。只是它被使用的方式不對，但情況總是這樣。無論何時有重要的東西被發現了，它總會落入錯誤的人手裡，原因很簡單，他們是動作很快的人、狡猾的人。

甚至連原子能的發現也可以是對世界的一個祝福。但是它落入政客的手裡。它應該是來到神祕家的手裡；那就不需要擔心會有第三次世界大戰。我們可以讓這個地球充滿了財富；然後這個地球首次不再有貧窮。貧窮會變成一個過去的記憶。很多疾病會消失。人類的壽命會增加，超過不可能的限制。三百歲將不會很困難；每個人會很容易地活三百年，因為科學家說身體可以生存的時間遠長於它目前活下來的時間。

人在七十歲死亡只不過是因為他們一直在那個年紀死亡。那變成頭腦一個固定的概念——在群體性頭腦中，它變成了一個固定的概念；那是一種自我催眠。它可以被改變。

即使你細胞裡面的生長藍圖也可以改變；它們有那個藍圖。當一個小孩出生，他的細胞有一個他會活多久的藍圖，但是那個藍圖可以被改變。如果我們可以分裂原子，我們就能分裂活著的細胞並改變它內在的藍圖；我們可以給它一個新的藍圖，我們可以讓它活三百年、四百年或五百年；我們可以給它一個永遠健康年輕的藍圖。老年人會消失。這在現在是可能的。

科學已經釋放了巨大的力量，但是它落入錯誤的人手裡，而不是正確的人手裡。我們必須創造出正確的人；我們必須創造出正確的意識。

因此，德瓦許，我會繼續和現代媒體工作，以便盡可能的接觸更多人。我已經做到了，你可以在這兒看到來自各個國家的人。我的桑雅士不是來自世界上單一的國家。而且他們到處產生影響。他們不斷地創造那些影響，他們一定會創造出一種新革命——真正的革命。

政治的革命不是革命；只有靈性的革命才是革命，因為除非內在的存在改變，否則只有外在的改變不會帶來任何幫助。

而且記住，我不是一個老式的聖人：「何必擔心弟子，何必擔心能接觸到多少人？」那不是擔心的問題——我非常地享受它！那對我而言不是工作；那是玩樂。而且它也迫切地需要。

我可以了解德瓦許的問題，因為他在社區的電影部門工作。他只是坐在攝影機後面。他一定很困惑——為什麼？他提了很多這類的問題。

就在兩天前，當普里姆奇瑪亞離開身體後，他立刻寫了一個問題問我：「奧修，連普里姆奇瑪亞的離開和慶祝都被拍成錄影帶。難道一個桑雅士不能寧靜地死去嗎？」

但是他已經死了！現在你可以做任何你想做的——拍他的錄影帶，拍他的影片，而K.B.負責把他的頭放在正確的位置——你現在可以做任何事！奇瑪亞一定在大笑、享受著這一切。他一定在笑他自己：「真糟，早知道我就早點死！他們可以做得很好！」他一定很享受這一切。

他死於全然地寧靜，絕對地寧靜。你的錄影帶無法打擾他。連他的癌症都不會打擾到他，你的錄影帶要怎麼打擾他？他處於巨大的痛苦中，但是他仍然保持觀照。他的死是美麗的。那是一個桑雅士應該死的方式。

現在納譚來了。昨天他寫了封信給我：「我很幸運來到這兒，看到奇瑪亞的離去和慶祝，因為我也承受著癌症的苦；醫生說：「你只剩下兩年可活。」我要永遠待在這兒。」納譚很高興看到奇瑪亞死去的方式，每個人都在慶祝他的死。

我教你們不只是慶祝生命，也要慶祝死亡，因為死亡就是生命的高潮，一段漸次加強的音樂。如果你真的活出你的生命，你也會慶祝你的死亡。

他如此美麗地死去，如此深深的放下。即使納譚也非常高興能在場。現在他的恐懼消失了。事實上，他在期待死亡。

所以，德瓦許，準備好！

第四個問題：

奧修，神為什麼要創造義大利人，祂如何創造出義大利人的？

沙加優，妳喜歡義大利男人嗎？否則為什麼有這個問題？這是一個偉大的問題！當我讀妳的問題時，我必須諮詢阿卡西記錄，因為聖經、可蘭經或吠陀都沒提到相關的事！而這確實是一件非常重要的事。阿卡西記錄的管理人是庫圖米大師，知名的神智學者，或稱他K.H.大師。他是管理人——我必須取得他的同意：「讓我看一點點就好，因為我不知道答案：神為什麼要創造義大利人，祂如何創造出義大利人的？」

他感到困惑。他說：「從來沒人提過這個問題，布拉瓦茨基或安尼貝贊特都沒提過。誰是沙加優？似乎是個很神秘的人！」

我說：「我的桑雅士都非常神秘，非常超自然！他們問的這類問題，如果是別的聖人，不是聖人逃走不然就是發問者會被扔出去！但是他們可以問我各種問題。」

我必須查得仔細點，然後我發現了一個資訊。上面說：「在一開始，只有黑暗和義大利麵。神愛義大利麵。有一天，在黑暗中，他吃著義大利麵，突然有個想法。他二隻手分別拿了點義大利麵，然後雙手拍在一起，說，「wop！」然後第一個義大利人出現了。」那就是為什麼義大利人被稱為wops。

然後出現另一個問題——請不要問我——誰在一開始創造了義大利麵？即使在阿卡西記錄中，我也無法找到答案。當我再次詢問庫圖米，他說：「閉嘴！這種問題不會被寫下來，也不會有相關的答案。神可以做任何事，祂可以施展任何奇蹟。祂為什麼不能創造義大利麵？」

我說：「那似乎是困難的。沒有義大利人，誰做出義大利麵的？」

然後你問：「為什麼……」

在阿卡西記錄裡，它說：神創造義大利的那一天是恩典的一天。即使神也很感到滿足，停下來去看著祂的作品。

「我超越自己了！多麼令人驚奇啊！看看那個美麗的景色！那是個受祝福的國家！」神對自己說。

然後，為了要使一切平衡，神創造了義大利人。

有一件事可以確定：沒有義大利人，世界將不會如此美麗，不會如此有趣。義大利人有很大的貢獻。另一件事也是可以確定的：沒有義大利人，這兒就不會有任何社區——不可能。我不是必須存在的，但德克夏是必須存在的！即使我不在這兒，你們也可以靜靜地坐著，但是沒有德克夏，你們能靜靜地坐多久？

一位女士在一個中型義大利社區進行人口普查。當她按了門鈴後，一個裸男

開了門。她非常專業，所以她使自己不為所動。但是那個男人開始解釋。

「希望妳能了解——我是一間天體俱樂部的人。」

「沒問題，」女士說：「我只需要一些資訊，先生。你結婚了嗎？」

「是的，第三次了。」

「你有小孩嗎？」

「是的，」裸男說：「我和第一任老婆有七個小孩，和第二任老婆有十二個

小孩，和第三任老婆有十五個小孩。」

「喔，」女士說：「你似乎不是一個裸體主義者，你只是沒時間穿衣服！」

義大利人真的對這個世界有很大的貢獻！

一個非常害羞的畫家在一個酒吧遇見一個美麗的義大利女人，問她是否願意當他的模特兒。她說如果他付她一百元，她就同意。

於是畫家從他朋友那兒借了錢，並約定了時間。當他們在一起時，他說：「小姐，事實上我想畫的是妳赤裸著胸部的樣子。」

她同意以兩百元成交。於是他賣了所有能賣的東西，終於籌到錢。

當她來到他的畫室，擺出赤裸著胸部的姿勢時，他感到如此興奮以致於他不得不請她脫光衣服。她同意了，但是要四百元。

沮喪地，他賣掉他最愛的畫，連畫具都賣掉了，只為了籌到足夠的錢。

終於她來到了畫室，並開始脫衣服。畫家感覺到非常興奮，他說：「噢！我願意為妳而死！事實上我想要跟妳做愛！要多少錢？」

「哎！」她大喊：「跟我開給每個人的價一樣——十元。」

瑪麗亞有六個小孩，都是黑頭髮的。然而第七個生下來的小孩卻是紅頭髮。

吉歐凡尼氣炸了。

「我知道妳背叛我了！」他憤怒的大叫：「承認吧，這不是我的小孩！」

「我發誓，吉歐凡尼，他是你的小孩。我發誓——我發誓！」

但是吉歐凡尼，在無法控制的盛怒之下，對她開了槍。臨死之前，瑪麗亞要他靠近，然後對他小聲說：「我必須對你承認一些事，吉歐凡尼，他是你的小孩——其他六個都不是你的！」

羅勃多離開美國前答應瑪麗亞，一旦他安頓下來，會立刻把她接來。臨走前，他們承諾將忠於對方。

二年後，羅勃多接了瑪麗亞過來。當她抵達的那天，他對她說：「噢，妳看起來好可愛！」

「你也是，羅勃多，你如此英俊！」瑪麗亞說。

很快地，他們開始分享過去兩年的祕密。

「妳知道嗎，瑪麗亞，」羅勃多說：「這兩年是一個很大的犧牲，但是我一直忠於我們的承諾。每次我和女人出去，當我壓在她上面時，我都會想到我們的誓約，然後就從女人身上離開。妳呢？妳有實現我們的承諾嗎？」

瑪麗亞回答：「你知道的，羅勃多，躺在下面要離開更困難！」

四個男人在一間酒吧談論他們的工作。

首先，一個德國人說：「我是煤礦區的搬運工。我把煤炭裝到袋子裡。」

然後，一個法國人說：「我是在衣物倉庫裡打包的人。我把襪子塞到包裝袋裡。」

接著，一個荷蘭人說：「我是酒桶工廠的浸泡工人。我浸泡軟木塞，這樣它們剛好就能塞住酒桶。」

最後一個，是義大利人，他說：「我也算是某號人物。」

沒有義大利人，世界就不會是一樣的；他們是最世俗的人。而我愛世俗的人；他們是最根植於世界的人。他們不是難懂的人，不像印地安人一樣；他們不是玄學家。那是他們的美。

我在這兒的工作是要將世俗的人和非世俗的人結合。我要我的桑雅士像義大利人一樣的世俗，像印地安人一樣的非世俗，因為除非你的根深入到大地裡面，否則你的枝幹無法碰到星辰。樹根越深入大地，你的樹幹就可以長的越高。然後你就能對星辰呢喃。

直到現在，分裂一直存在。世俗的人一直被宗教人士譴責是唯物主義者，而唯物主義者一直被靈性主義者譴責是在玩小玩意兒。某種層面上而言，兩者都是對的，但是兩者都只對了一半。而一半的真理比一個謊言更危險，因為它看起來像是真理。

完整的真理是，一個真實的人、真正的人、完整的人會接受矛盾。他寬大的心胸足以容納矛盾。他會同時是男人和女人。他會同時是世俗的和非世俗的。他會同時是唯物主義者和靈性主義者，沒有任何衝突。除非這個結合發生，否則世界將會繼續是精神分裂的。

我的桑雅士不只是非世俗的，他們也不只是世俗的；他們必須是兩者。我給了他們有史以來最困難的工作：他們必須是唯物主義者和靈性主義者。他們必須拋棄這個世界和另一個世界的所有分歧，此岸和彼岸的分歧，這個和那個的分歧。他們必須在兩者之間建立一道橋樑。一旦那座橋樑建立了，人類將首次是完整的。而完整的人是神聖的。靈性主義者不是神聖的，世俗的人也不是神聖的，因為兩者都不是完整的。他們是不神聖的，因為他們只有一半，任何只有一半的人注定會受苦。他無法欣喜、他無法慶祝、他不知道受到祝福的生命是什麼。

你必須知道，即使塵土也是神，而你的身體是一間廟。你必須變成左巴和佛陀！

第五章
一個在你裡面的世界

令人尊敬的師父說：

道同時以純淨和渾濁示現，同時以移動和靜止示現。

天是純淨的，地是渾濁的。天是移動的，地是靜止的。

男性是純淨的，女性是渾濁的。男性是主動的，女性是被動的。

道以最初的本質示現，並不斷的演進，進而產生了一切，形成了天、地以及其中的一切萬物。純淨是渾濁的本源，移動是靜止的根基。

《原經文》

夫道者，有清有濁，有動有靜。

天清地濁，天動地靜。

男清女濁，男動女靜。

降本流末，而生萬物。清者濁之源，動者靜之基。

道家並非一般名詞定義的宗教，它不是所謂的宗教；它是真實的宗教。但是要成為真實的宗教，基本上它必須是科學的。科學和宗教只有在考慮它的導向時，才會是分開的，就方法而言，它們並非如此。宗教不需要成為一門科學，它就是科學的；科學不需要成為宗教，它就是宗教的。道不需要成為一門科學，道就是科學的。

科學表示試著不帶偏見的去知道這個客體世界，沒有預下結論的去知道這個客體世界。內在的世界、主體的世界也是如此。一個人不應該做了任何結論後才去了解它。一個科學家不能是一個印度教徒、回教徒或基督徒；如果他是，那麼他就不是科學的。至少在他的努力中，他應該把他所有的偏見放到一邊。

如果伽利略一直是個基督徒，那他就無法發現太陽並非繞著地球的事實。如果哥白尼一直是個基督徒，當他在做科學研究時，他就無法不受到聖經的影響。聖經有數千年之久；它包含了過去的科學。它是非常古老的——它一定會這樣。

所有宗教經典都包含了不應該包含的某些事實。它們不是宗教性的事實；它們是關於客體世界的。但是在過去，每件事都被收錄到宗教經典裡——它們是唯一的經典。宗教的經典如同百科全書一樣，已經在世界運作了好幾千年：每件已知的事、發現的事、理論化的事都被收錄到裡面。

印度的吠陀被稱為集；表示一種收錄、一種收藏。它們的功能就像大英百科全書。各種事物都被收錄到裡面：那個時代的文學、科學、天文學、地理學、歷史、藝術；每件可能知道的事都被收錄進去。隨著人類的發展，每件事都變得越來越專門化。

科學表示在客體世界中尋找真理；宗教表示在主體世界中尋找真理。如同在你外面存在著一個世界，在你裡面也存在著一個世界。當然，內在的世界是更重要的，因為那是你的內在，那是你的存在，那是你的主體性。但是關於內在的世界，我們仍然是非常不科學的——我們仍然活在信仰中。在外在的世界裡，我們已經有點成熟；我們準備好要拋棄任何信仰。如果某個違反我們舊有理論的事實被發現，我們就拋棄了舊有的理論，轉而支持新的發現。但是在內在的世界則非如此；我們對內在世界有一個非常深的執著。

對於內在的世界，道是一個非常科學的方法——你可以稱它為主體的科學，存在的科學。當我們談論葛玄的這部經典，要記得這是其中一件最重要的事。

第二件要記住的事，道第一個領悟到並指出存在是兩極化的事實。對於這個極端重要的事實，沒有其他宗教像道一樣如此清楚。「存在是兩級化的」表示存在不是邏輯的，它是辯證的；它不是亞理斯多德學派的，它是黑格爾哲學的。

邏輯是簡單的，邏輯是線性的；辯證是稍微更複雜的。它不是簡單的，因為辯證只有在對立者也存在時才可能成立；如果對立者不存在，那就不會有任何辯證。沒有正極和負極就不會有電。電不是邏輯的，它是完全非邏輯的——它是辯證的。沒有男性能量和女性能量就不會有人類。只要想想只有男人或女人構成的人類：人類會滅亡，它會無法活下去——它沒有任何能量可以存活。能量是透過和對立者的摩擦所創造出來的。

黑格爾哲學的公式是：正題需要反題。一個正題除非有一個對立的反題，否則物力論無法成立；生命會變成停滯的。物質只有在精神存在時才有可能存在，反之亦然。天與地、神與存在、白天與黑夜、夏天與冬天、生與死、這些是對立的二極。但對立只是表面上的；實際上它們是互補的。

黑格爾在二百年前發現的，道家在五千年前就已經發現了。他們是辯證的先驅；他們是世界上第一批辯證學家。他們貢獻了關於存在的其中一個最重要的洞見：那就是你在任何地方都看得到它。

沒有對立者的存在，生命連一個片刻都無法存活，因為它依賴對立者。對立者只是表面上的；實際上它們是互補的。它們必須是——它們互相依賴。沒有女人，男人不會是男人，沒有男人，女人不會是女人；他們彼此依賴。

那就是為什麼男同性戀和女同性戀的關係中都少了某些東西——沒有辯證。記住，男同性戀的關係是更邏輯的，因為它是邏輯的，所以它是簡單的；因為它是邏輯的，所以它沒有那麼複雜，沒有那麼多衝突。男同性戀被稱為「Gay」並不是偶然的——他們是快樂的（Gay的另意）！因為沒有衝突，所以他們比異性戀的人快樂。和對女人的了解相比，一個男人可以比較容易地了解另一個男人。和對男人的了解相比，一個女人可以比較容易地了解另一個女人，因為男人是一個完全不同的存在。他們做事方式不同：他們從不同的中心運作。對異性而言，他們看起來是荒謬的。

男人透過智力來運作；女人透過直覺來運作。男人透過推論來處理事情；女人則不透過任何推論就直接下了結論。男人只能感到驚訝！他找不到任何線索。他可以和女人生活一輩子，但是對他而言，女人仍然是神祕的。對女人而言也是如此：男人是神祕的。他無法了解一件女人可以輕易了解的事：抽菸會導致肺癌。「你為什麼要一直抽菸？喝酒會讓你早死。你為什麼還要毒害自己？」

穆拉那斯魯丁的妻子對他說⋯當他某個晚上喝著威士忌時，她告訴他：「我已經告訴你一千零一次，停止這些無意義的行為！這是慢性中毒！這是慢性自殺！」

那斯魯丁看著她說：「請不要誇大其詞！妳沒有對我說過一千零一次——也許有幾十次。不要誇大。此外，我一點都不急，所以就慢性中毒吧！我不急。」

男人和女人一直在爭論每件事；他們從不會意見一致。他們的意見不會是相同的：因為他們的本性。認同是不可能的。總是會有緊張。因此男同性戀是快樂的。當你看到兩個男同性戀手牽著手去散步，你可以看見他們的喜悅！你不會在丈夫和妻子之間看見那種喜悅——不可能。男同性戀的關係是簡單的；但因為它是簡單的，因為裡面沒有緊張，沒有衝突，也就不會有成長。裡面沒有痛苦，因此它是停滯的。那個關係不會再有驚喜。

女人總是一直等待男人去發掘，反之亦然。你不會停止發掘一個男人或一個女人。如果你屬於相反的一極，那會是一個無盡的發掘；你永遠無法得到結論。

存在不是邏輯的，那樣是好的，否則只會有死亡，不會有生命。如果神是亞理斯多德學者，那就不會有任何生命。只會有永遠的寧靜——沒有人去知道，沒有人去經驗。還好神是黑格爾哲學家，祂創造了兩極。

道談論陰與陽：那是了解存在最基本的方法。你必須深入它。

男人和女人之間有一個很大吸引力的原因是，他們對彼此而言是神祕的。同樣的事情創造了衝突，同樣的事情創造了吸引力。他們離彼此越遙遠，他們之間的距離越大，他們之間的吸引力就更大。

在現代社會裡，特別是先進國家，吸引力消失的原因是因為，男人和女人如此接近以致於他們變得很相似。他們穿著類似，他們都開始抽菸，他們都開始喝酒，他們的舉止類似，他們使用同樣的語言。對於這些愚蠢的行為，解放運動有很大的貢獻。

女人的解放運動教導全世界的女人去模仿男人——強壯的、粗野的、侵略性的。她們可以是侵略性的、粗野的，但是她們會失去某些價值無窮的東西：她們會失去她們的女性特質。一旦她們開始像男人一樣，她們就不再是神祕的。這在世界上是第一次發生；以前從沒發生過。

過去時代的聖人在舊社會裡總是很清楚的表示：盡可能的讓男人和女人不同。本性使他們是有區別的，但文化也應該讓他們是有區別的。那不表示他們是不平等的；他們是平等的，但他們是不同的，他們是獨特的。平等並不是相似性；平等不應該被誤解為相似性。相似性不是平等。記住，如果女人開始變得像男人，她們就永遠不會和男人平等。

女人的解放運動將會對全世界的女人造成很深的傷害，這個傷害是：她們會成為男人的複本，她們將會有第二種存在。她們將不會是真正的男人，因為她們的本性是無法如此具侵略性的。她們可以假裝，她們可以培養侵略性，她們可以是粗野的，但那會是表面上的；她們的內在仍會是柔軟的。這會使她們的存在產生分裂，這會在她們的存在裡創造出一種精神分裂。她們會承受雙重人格的苦，她們會失去她們的神秘性。她們可以用同樣的邏輯和男人爭論。但她們會像男人，而且變得醜陋。成為不自然的就是成為醜陋的；成為自然的就是成為美麗的。

我要她們和男人平等，但是那個相似性的概念必須被拋棄。事實上，她們應該盡可能的不相似；她們應該完整的保有她們的獨特性。她們應該變得越來越女性，然後那個神祕會加深。那就是存在的方式、道的方式。

只有一個現代哲學家榮格，有一些關於這個道家方法的洞見。他是西方唯一仔細思考和深入研究道家的哲學家；他把道家引入到他的哲學中，最現代的道家思想。如果你想了解道家，可以去了解榮格和他對於道家的見解；他走在正確的路上。但是在他死後，那個工作停止了。他只做了一部分──因為道家是一個巨大的海洋──他朝著正確的方向前進，但是那些工作停止了。它必須被更深入。必須有更多人在這上面工作，以便使那個洞見更接近現代，因為那些語言是古代的，有時候古老的語言會變成一個障礙。

例如，讀這本經典，很多女人會感覺被冒犯。但葛玄無意如此；他只是使用一個過去的方式。他能怎麼辦？這是那個時代的方式。沒有任何評斷——他不是說男性是較高等的，而女性是較低等的——必須時時記住這點，否則妳會立刻封閉自己。特別是女人將會拒絕這本經典；她們將無法了解。那些已經接觸過解放運動的女人，不幸地，將會立刻變得封閉；她們將無法了解這本經典的美。所以針對她們，我必須特別提醒，那不是指生理上的男性和女性，而是心理上的。

男人不一定是男性的，女人不一定是女性的。女人也可以是男性的，例如，聖女貞德，或者印度的詹西女王。這些女人是戰士，偉大的軍人；她們不是完全女性化的。當然，生理上她們是女性的，她們的身體是女性的，但她們的靈魂是男性的。她們必須被當作男性的。也曾經有些男人——詩人、舞者、音樂家、歌手、畫家——是非常女性的。他們的存在如此的柔軟、圓潤，心理上他們是女性的。他們可能養育過小孩，他們可能當過父親和丈夫，但內在裡，他們不是男性的；他們的心理可以被稱為女性的。這曾經發生過——事實上，這種情況比你想到的還要多。

此外，每個男人和每個女人也都是兩極化的。每個要生存下去的男性，都在無意識中攜帶著女性本源，否則他的存在將不會有動力，不會有緊張，無法有足夠的緊張使他活下去。他會死掉；他沒有理由再活下去。他的存在裡需要一定的緊張。如果那個緊張太多，他會變成瘋子；如果那個緊張太少，他將會死掉。

在佛陀的生平中有一個美麗的故事：

一個偉大的王子被點化了，變成了佛陀的弟子。他一生極盡奢華，他曾是一個偉大的西塔琴手，全國都知道他是一個偉大的音樂家。但是他被佛陀內在的音樂所感動——也許是他對音樂的洞見幫助他了解佛陀。

當佛陀行腳到他的王城，他第一次聽說有這個人，看到他的第一眼就愛上了他，放棄了他的王國。連佛陀都叫他不要如此的衝動。佛陀告訴他：「等一下，考慮一下。我會在這兒待四個月。」——因為那時候是雨季，佛陀不會離開，雨季時他會待在同一個地方。「所以我會一直在這兒；不用急。你仔細考慮。有四個月的時間可以考慮，然後你再決定是否要成為我的弟子，是否要被點化。」

但是年輕人說：「我已經做出決定了；不需要再考慮了。要就現在，否則就永遠放棄！誰知道明天會如何？你常常說：『活在當下，』所以你為什麼要我等四個月？我可能會死掉，你可能會死掉，可能會發生某些事。誰知道未來會怎樣？我不想要一天一天的等待！」

他如此堅持以致於佛陀必須讓步；他被點化了。佛陀對他不太確定，他是否可以當一個乞丐。佛陀根據他自己的經驗；他曾是一個偉大的王子。他知道活在奢華中和舒適中是怎麼樣的情況，而在街上乞討又是怎麼樣的情況。那是件非常艱難的事，但是佛陀做到了。他花了六年的時間才成道，慢慢地慢慢地，他習慣住在沒有屋簷的地方，有時候沒有食物，沒有朋友，到處都是敵人，沒有任何原因地，因為他沒傷害過任何人。但是人非常的愚蠢，他們活在這樣的謊言中，無論何時他們看到一個得到真理的人，他們就主動去傷害這個人——因為感到受傷和侮辱。

佛陀知道對這個年輕人而言，這將會非常辛苦。為他感到遺憾，但還是點化了他。但是他和其他的弟子都很驚訝，因為這個人來到了另一個極端。所有佛陀的弟子習慣一天吃一次；那個新弟子，過去的王子，開始二天吃一次。所有佛陀的弟子都習慣睡在樹下；他則是睡在廣闊的天空下。弟子們在道路上行走，他則走在長滿刺的植物和堆著碎石的路邊。他是一個美麗的人；在一個月內，他的身體就變黑了。他曾經非常健康；現在他卻是生著病的、瘦弱的。他的腳滿是傷痕。

很多弟子來到佛陀那兒說：「必須做些事。那個人已經走到另一個極端了：

他在折磨自己！他在摧毀自己。」

一晚，佛陀來看他，對他說：「夏羅納——夏羅納是他的名字——我可以問你一個問題嗎？」

他說：「當然，我的主。您可以問任何問題。我是您的弟子。任何您想要知道關於我的事，我都將在此告訴您。」

佛陀說：「我聽說當你曾是王子的時候，你是一個偉大的音樂家，你常彈奏西塔琴。」

他說：「是的，但是那都已經過去了。我已經完全忘了它。不過那沒有錯，我會彈奏西塔琴。那是我的嗜好，我唯一的嗜好。我曾經每天至少練習八個小時，我因為琴藝而聞名全國。」

佛陀說：「我必須問個問題。如果你的西塔琴的弦太緊，會怎麼樣？」

他說：「會怎麼樣？很明顯！你將無法彈奏它——它們會斷掉。」

佛陀說：「另一個問題是：如果它們太鬆，會怎麼樣？」

夏羅納說：「那也很明顯。如果它們太鬆，將無法產生任何音樂，因為沒有拉力。」

佛陀說：「你是一個聰明的人——我不用對你說太多。記住，生命就像樂器。它需要一定的拉力，但是只要一定的程度。少於那個拉力，你的生命就會太放蕩，就不會有任何音樂。如果拉力太多，你會開始斷裂，你開始發瘋。記住。首先你過著一個非常放蕩的生活，然後你開始想念內在的音樂；現在你過著一個非常嚴苛、拮据的生活——你開始想念外在的音樂。有沒有任何方式可以調整西塔琴的弦，讓它剛好處於中間，不要太鬆或太緊，只要剛剛好正確的拉力，就能產生音樂？」

他說：「是的，有這樣的方式。」

佛陀說：「那正是我的教導：剛好處於兩極的中間。拉力不能完全消失，否則你會死掉；拉力也不能太多，否則你會發瘋。」

發生在全世界的狀況正是如此。東方已經變得太鬆散，因此會有死亡和饑餓。而西方已經變得太緊繃，因此會有瘋子和神經病。西方因為它承受的壓力而崩潰。東方因為它的鬆散而變得非常懶散和糟糕。

一定的拉力是需要的，那個拉力的程度也同時是平衡的程度。那就是道的整個技巧。生命神秘的平衡脈動，那個秘密……

不要從生理上的角度去了解這部經典裡面的話語，而是從心理上去了解。每個男人和每個女人在他們裡面都有相反的另一極。如果你是有意識的男人，那麼你裡面就有一個無意識的女人；如果妳是女人，那妳裡面就有一個無意識的男人。你的意識和你的無意識是相反的兩極，兩極之間有一個拉力。那個拉力不能太鬆或太緊。那就是宗教的整個技巧，或者說是宗教的整個科學。

道不相信奇蹟；它相信的是可以轉變你的生命的科學方法。

有一天，老子、莊子和列子走在一條森林小路上，當他們走近一條奔騰的河流時，列子立刻坐在河岸邊，並隨著內在的道開始靜心。十分鐘後，他站了起來，直接走過河流到了對岸。

而莊子以蓮花坐姿坐了二十分鐘後，也站了起來並走過河流。

老子，則是驚奇的看著一切，聳了聳肩，靜坐在河岸邊，一個小時後，帶著對道的完全信任，他閉上了眼睛，向前一步走進河中，然後掉到河裡。

在對岸的莊子笑了起來，轉頭對列子說：「我們該告訴他哪兒有石頭嗎？」

道不相信任何胡扯。它是非常務實的、實際的、樸實的。

一個正在叫賣的街頭小販。他一整天喊著：「試試我的長生不老藥——長生水！」

有個小男孩幫著他販賣及收錢。

小販不斷喊著：「來喔！長生水！一個奇蹟，先生！一個真正的奇蹟！我每天早上都會喝一瓶，看看我——我看起來很年輕吧？但我已經超過七百歲了！」人們感到驚訝和懷疑。最後其中一個客人把男孩叫到一邊問：「你的老闆真的超過七百歲嗎？」

「我無法保證，」男孩回答。

每個人轉過頭看著男孩。

「你為什麼無法保證？」客人問。

「因為我只和他一起工作了三百年，」男孩回答。

所有其他的宗教更顧慮這類的胡說八道——奇蹟，奇異的事。但道不是。道是非常直接的，因此道會有一個偉大的未來。當所有其他的宗教隨著時代的過去而不再有幫助時，道仍能適用的原因是因為它能順應地球上不斷成長的科學氛圍。它不只順應科學的氛圍，也有助於滋養它。它會為科學帶來新的見解，因為它不要求你相信任何事，它只要你去了解。

這部經典不是要被相信的。請試著了解它們，把你們對於男人和女人的所有偏見放到一邊來了解它們。

令人尊敬的師父說：

道同時以純淨和渾濁示現，同時以移動和靜止示現。

不要因為「渾濁」這個字感覺不舒服；它只是表示不清楚的、模糊的、朦朧的。兩者都是道的示現。

道同時以純淨和渾濁示現……

「純淨」這個字並非意味著任何道德的、正直的等等；它和道德觀無關。「純淨」只是表示清楚的、透明的；「渾濁」表示不清楚的、朦朧的、模糊的。這都是道的示現。

一般人是渾濁的；佛陀是純淨的。沉睡中的人是渾濁的、模糊的；他被他自己所創造的一切混亂圍繞著。已經脫離這些夢和欲望的覺醒者有一種清明；他不被混亂圍繞著，他沒有任何渾濁。他就像陽光充足的白天：太陽在那兒，沒有任何雲。

道同時以純淨和渾濁示現⋯⋯

記住，兩者都是道。永遠不要忘記。沉睡的人和覺醒的人都是神，都具有神性。本質上沒有任何不同；差別只是在於不同的示現。前者充滿著夢和欲望，因此是渾濁的；後者已經不再做著任何夢，已經對夢感到厭倦，已經知道它們只是夢，因為那個知道，那些夢就會自行消失。現在他的雙眼是清楚的，他可以看清一切。

同時以移動和靜止示現。

所以不需要堅持你應該是靜止的；即使在移動中，你也能經驗道。你也可以在靜止中經驗道。

有兩種可能。佛陀靜靜的坐著好幾年，然後他經驗了道。他稱為涅槃；那是他用來表示道的名字。魯米持續跳了好幾年的舞，有一天在他跳舞時發生了：透過跳舞，他達到了道。他稱為神；那是他用來表示道的名字。一個人可以透過靜止或移動來接近道。

由於這個事實，我的社區中有這兩種靜心。人們在跳舞，人們在唱歌、靜心。人們靜靜的坐著——坐禪、內觀——靜心著。一個人可以從某種靜心換到另一種靜心，因為兩者都是你的可能性：你可以在跳舞中找到它，也可以在寧靜中、靜止中找到它。

事實上，如果你在這兩種方式中都能找到，你的經驗會更豐富。如果你可以在跳舞中找到，也能在靜坐中、無為中找到，你的經驗會比喬達摩佛和魯米的經驗更豐富，兩者都是——自然地，因為你透過相反的兩極、透過兩種不同的方式進入神的廟宇。你將會是更流動的，你將知道這兩種方法的美——因為透過這個方法，你會遇到某些東西，透過另一個方法，你會遇到某些別的東西。兩種方法都充滿了不同的奇蹟。跳舞的人將會知道一些靜坐的人永遠不會知道的事。靜坐的人會到達最終的頂點，但是他不會知道一些發生在跳舞方法上的事。同樣地，跳舞的人也不會知道只會發生在靜坐方法上的事。

我要強調的是：何必錯過任何可以豐富你的可能性。何不成為多面向的？何不盡可能的透過各種方式經驗神而使你知道神的各種面向？在那個知道中，你會知道所有的宗教都在沒必要地互相爭論。它們的爭論是絕對沒有意義的——它們在談論的都是神。但因為他們所知道的神的面向是彼此不同的，以致於他們堅持自己的面向：「這才是真理。」而其他人則說他們的才是真理。

如果你問佛教徒：「一個人可以透過跳舞成道嗎？」他會立刻說：「不可能。」他的「不可能」會是絕對的。他會說：「那是不可能的，如果一個人可以透過跳舞成道，那為什麼佛陀要靜坐好幾年？他是笨蛋嗎？他早就去跳舞了！」

如果你問旋轉托缽僧，魯米的門徒：「一個人可以只靠靜靜的坐著，什麼事都不做來找到神嗎？」他會說：「不；不可能——絕不。否則，魯米為什麼要跳舞？他為什麼日復一日辛苦的跳舞？」

當最終的開花發生時，他已經連續跳了三十六小時。就如同佛陀七天連續不動的坐著，連眼皮動都沒動，魯米一直跳著舞，完全沒停下來過，沒停下來休息過——瘋狂的跳了三十六小時的舞直到倒在地上。但是當他張開眼睛，那個舊的人消失了，新的人誕生了。新的人已經在那兒；他是一個全新的人。

蘇菲派不會同意只是坐著就能找到它。

但是我要對你說，我已經透過這二種方式找到它：我已經透過移動找到它，我已經透過靜止找到它。我非常同意葛玄：

道同時以移動和靜止示現。

天是純淨的，地是渾濁的。

顯然地，天表示絕對的清明。天空是純粹的；裡面什麼都沒有。無物是最純淨的東西。地則是充滿很多東西的，因此它是渾濁的。

就在有一天，我告訴你們必須同時是世俗的和非世俗的。因為，事實上，你是由這兩者組成：你裡面的某些東西是來自地的貢獻，來自渾濁的貢獻，而你裡面也有些東西是來自天的貢獻，來自純淨的貢獻。你是天和地的綜合。

直到現在，除了道以外，所有的宗教都做出了選擇。它們選擇了非常世俗的：例如，猶太教是非常世俗的，而耆那教是非常非世俗的。耆那教選擇了你存在裡的天的部分，猶太教選擇了你存在裡的地的部分，但是兩者都只有一半。它們不是完整的；兩者都失去了某些東西。道是完整的。

在我的了解中，在我的達成中，道是唯一神聖的經驗，因為它是完整的。

天是純淨的，地是渾濁的。

那就是為什麼我要你成為一個左巴——但不是希臘左巴，因為那樣你會是渾濁的、屬於地的、朦朧的。我要你們成為左巴佛陀——不是喬達摩佛，因為成為喬達摩佛表示你只有天，沒有地，完全非世俗的，屬於彼岸的。何不成為兩者？如果有可能成為兩者，為什麼要錯過任何東西？為什麼不利用所有成長和經驗的機會？

天是移動的，地是靜止的。

這些只是隱喻。

男性是純淨的……

「男性」這個字，在最低的形式時是智力，在最高的形式時是智慧。這是毫無疑問的——智力是毫無疑問的。二加二等於四，就像這樣毫無疑問。最高的形式是智慧。佛表示一個達到智慧的最高形式的人。他的話語是非常毫無疑問的；他的話語是完全不模糊的。你無法找到比佛陀說的更毫無疑問的話語；他的話語不是神祕的，不是秘傳的。

事實上，他常對他的弟子說：「請不要問我任何隱喻性問題，因為它們不是必須的，它們不會有幫助。問真實的、真正的問題，你在生命中遇到的問題，這樣我才能幫你解決它們。」

他常常說這個故事：

有個人被一隻箭射中⋯他是個哲學家，一個偉大的隱喻學者。人們趕到他身邊；他們想拔出那隻箭，但是他說：「等等！先告訴我這隻箭是真實的還是虛幻的。」

現在，那是其中一個最重要的哲學問題，特別是在印度：這個世界是真實的還是虛幻的，它是真的存在還是只是看起來存在。

出於舊習慣，哲學家問：「如果它是不真實的，那何必擔心？如果它只是看起來在那兒，何必把它拔出來？它並不存在。它就像一隻不存在的蛇。它實際上只是一條繩子，但在黑暗中使你誤以為它是一條蛇。所以沒有殺掉它的需要。你要如何殺掉在一開始就不存在的蛇？」

他的哲學問題使人們感到為難，他們感到困擾，不知該怎麼做。很難證明⋯

事實上，很難證明：沒有人曾做出結論，證明這個世界是存在的；沒有可以證明的方式。它可能是虛幻的。

例如，我對你說話，但是現在你要如何證明不是你在做夢？有很多次你都是在做夢。

埃桑寫信給我：「奧修，我很感激——你來到我的夢裡。」現在，很難確定埃桑現在是在做夢或者我真的在這兒！沒有可以確定的方法。

在西方哲學裡，這種哲學的代表是博克利。他說這整個世界只是你的想法，它只是一個想法。它只是在你的頭腦裡面；它不是真的存在。它就像一個夢。它是用同樣形成夢的東西所形成的。

約翰遜博士和博克利早上出去散步。約翰遜博士是一個非常實際的人。當博克利對他說這個世界只是一個想法，它並不是真的存在時，約翰遜很生氣——除非他能證明——他只是拿起一塊大石頭砸向博克利的腳。博克利痛苦的大叫，尖叫著，血開始從他腳上流出來。

約翰遜說：「現在你怎麼說？」

博克利笑了，他說：「這只是個想法！我尖叫，你丟石頭，即使你，約翰遜博士也只是我的想法。我是你的想法，你是我的想法。我們都只是想法。你的石頭無法證明那是真的，因為我有時候會在夢裡尖叫。在我的夢裡面，我有時候會被石頭砸到，血會流出來。所以那又怎樣？有什麼差別？」

不可能反駁這樣的哲學。山卡拉是印度這類哲學的代表，博克利是西方這類哲學的代表；他們都還沒被駁倒過。但是沒有人相信他們。我認為連他們都不相信自己，否則他們會停止吃、做愛和睡覺，因為那都只是夢，所以何必擔心？博克利繼續做愛然後生小孩。什麼樣的胡扯！他繼續吃，然後當他生病，他會吃藥。現在，用另一個想法殺死這個想法！我不認為他們曾經相信自己過。

山卡拉說這個世界是虛幻的，但又說：放棄它。如果它是虛幻的，何必要再放棄它？你能放棄什麼？如果它一開始就不在那兒，你要如何放棄它？某種不是可以被放棄的東西？如果世界不存在，如果看不存在，那看者在哪兒？沒有看，看者本身就是虛幻的。如果沒有東西可以放棄，放棄者本身就是虛幻的。

他們不相信他們自己的哲學，但他們仍然無法被駁倒；沒有辦法駁倒他們。有數千種方法被試過，但沒有一個可以駁倒他們。例如，博克利常說當你走出房間，你房間裡的家具，你房間裡的書都消失了，因為沒有人在那兒投射那個想法。顯然地，如果你把投影機的膠卷拿出來，牆上的影像將會消失；牆上不會有圖像。現在你要如何證明？你可以說：「我可以從鑰匙孔看。」他會說：「那你又透過鑰匙孔回來了。它們會再度出現，因為那個想法會透過鑰匙孔投射出來。」

有個人花了好幾年去找到一些解決方案，然後他一直去見博克利。有一天他帶著一個方案：「現在我不認為你能否認這個。當你坐在馬車上，你不會看到馬車的輪子，但是馬車仍在移動——輪子在那兒。你沒投射它們，因為你沒看到它們，但是馬車在移動。馬車的移動證明輪子在那兒。」

博克利說：「你不了解。那是來自神的想法。這個世界不只是我的想法；最終，它是神的想法，它是神的夢想。事實上，它也在夢著我們——駕車者、乘客、馬車和輪子。」

不可能否定這種哲學。它們是荒謬的，但是它們無法被駁倒。

民眾、窮人、村民都聚在那兒，他們面面相覷：「要怎麼處理這個人？」

佛陀經過；他聽了整件事的來龍去脈。他走到哲學家旁邊說：「這些問題可以晚點回答，我們可以在等一下有空的時候來討論。先讓我們拔出箭，因為這隻箭會殺了你，如果你活著，我們就能晚點來討論。然後無論你怎麼決定，這隻箭是真實的或不真實的，都由你決定。但是現在你不需要哲學討論，你需要可以拔出這隻箭的醫生，需要可以清除箭毒的人，可以給你一些治療的藥。現在不會有任何哲學對你有幫助。好，如果它是不真實的，那就讓它是不真實的！但是我們可以晚點來討論。」

佛陀說人類的情況也是如此，每個人都一樣。你在受苦，所以整件事會是如何拔出創造你的痛苦的箭。那不是一個哲學問題。他的話是毫無疑問的、合理的、有智慧的，頭腦可以理解的。他只說有智慧的人能了解的事。那就是為什麼佛陀在現代非常重要——因為他的方法似乎是非常有智慧的。

男性是純淨的⋯

那表示在最低的形式時是智力、理智，在最高的形式時是智慧。

⋯女性是渾濁的。

「渾濁的」在這兒的意思是，在最低的形式時是天性，在最高的形式時是直覺。現在神秘家，蘇菲派說的與此完全不同。他們的話語不是那麼確定的，他們的話語是模糊的。他們的話語不是很容易了解的；你必須想出來什麼才是他們要表達的意義。那正是女性的頭腦。但是記住，我不是指生理上的。當然，生理上，和理智相比，女人更常透過天性運作⋯

很多人問我：「為什麼所有你談過的佛都是男人？為什麼不談論女人？」原

因很簡單，女性頭腦的方法會是完全不同的。她們不會是佛。她們會是蜜拉、抹大拉、拉拉絲、拉比亞絲，但她們不會是佛。她們的方法注定是不同的。蜜拉不會用智力的方式說話；她會唱歌。她的唱、她的舞是一個完全不同的芬芳。她不會爭辯——爭辯不是女性頭腦的方式；她的爭辯方式會是她的舞，她狂喜的舞，如果你可以感覺她的舞…我不會說如果你可以了解她的舞，因為舞者不能被了解，她們只能被感覺，她們只能被經驗。她的話語會是極度出於天性的。

例如，佛洛依德非常譴責他所知道的女性神秘家。但是他不知道蜜拉，否則他會給她最多的譴責。他知道聖女泰瑞沙；他譴責過她，因為她談過嫁給基督的事。那已經足夠讓佛洛依德用他的整個性理論來解釋。那就夠了——不需要更多了。婚嫁？那表示這個女人承受著某種性錯亂的苦。她一定在壓抑她的性欲；因為她不能和真實的男人有性關係，現在她想著天上有一個不真實的男人——某個叫基督的人，神的兒子。現在她試著創造一個和基督之間的愛情事件。

佛洛伊德真的很不幸，他不知道蜜拉。如果他知道，他會非常歡喜的跳著舞！因為蜜拉用過這樣的譬喻：「我的主，我鍾愛的，**祢**何時會來？我已經準備好床鋪了！床上鋪著玫瑰花瓣，我等著**祢**！但是夜晚已經過去，而**祢**尚未到來。我因為**祢**而哭泣！**祢**何時會來和我做愛？」

現在，她甚至沒使用間接的方式説話，她直接説了出來。佛洛依德會從字義上去解釋整件事；那是他的專業。他可以證明所有這些神秘家都是性變態。事實上，他自己才是性變態，因為他完全無法了解女性的頭腦。

那是其中一個榮格必須離開他的原因，因為他全部的了解只是智力上的；裡面沒有任何和直覺相關的。榮格有一個更女性的頭腦，一個更深的感覺能力。

所有深入接觸過女人的男人都知道，她們的運作方式是不同的。你不能用邏輯的方式對一個女人説話；那是不可能的——那就好像她屬於另一個世界，某個其它的行星。女人的經驗也一定是如此。她們無法了解男人——持續待在他們的頭腦、他們的智力，從不了解任何關於心的事。男人試著去爭辯，試著用邏輯的方式説服女人，但是她無法被説服。那不是她的方式；邏輯對她沒有吸引力。

慢慢地、慢慢地，丈夫學到玫瑰花比邏輯更重要。如果你送給你妻子一束玫瑰花，她對它的了解會勝過你的爭論。你可以爭辯好幾個月：「我愛妳。」但是那不會説服她。只要帶一束玫瑰花回去，那就夠了。她的方法是直覺性的。男人無法了解她，因為無論她説了什麼，似乎都是非邏輯的、荒謬的。

慢慢地、慢慢地，丈夫開始保持沉默，他們變成耳聾的。他們讓女人説：「無論她想胡扯什麼，讓她説。誰會去聽？」

你知道為什麼神先創造男人，然後才創造女人？因為至少先讓可憐的男人說兩句！

在溫達文聖地偶然聽到⋯⋯一個桑雅士對另一個桑雅士說：「即便用了很大的自制力，但我還是放棄減肥了。」很大的自制力⋯⋯

「妳會用打字機嗎？」老闆問秘書。

「是的，先生。我用過聖經系統。」

「我從沒聽過這個系統。」

「尋找，你將會找到，」秘書回答。

為什麼丈夫會怕他的妻子？所有丈夫都怕妻子。事實上，成為丈夫表示就是成為一個害怕妻子的丈夫；不會有別種丈夫，原因是他能爭論多久？而且那沒有意義。你看起來會很愚蠢——你對牆壁說話！你爭辯，然後女人會哭！你對她說：「冷靜點，讓我們坐下來，把事情拿到檯面上談。」然後她會開始丟東西！她會用力把門關上，她會摔杯子和盤子。現在，這有什麼意義？你無法爭辯。沒有方式可以冷靜地和女人溝通和對話。那是不可能的；她會一直是憤怒地。你得聽她的，不然她會製造麻煩。對她而言，你所有的爭辯都只是胡說八道！

一個男人對律師說：「我要求離婚。」

「為什麼？」律師問。

「因為我的妻子總是在編織衣服！」

「看在老天份上，這不能做為離婚的理由！很多女人都會編織衣服。」

「即使當他們在做愛的時候？」

一個丈夫常常工作出差。有一天他突然回家，發現他妻子和另一個男人睡在床上。憤怒地，他拿了一把槍指著那個男人。

妻子尖叫著：「別開槍！你要打死你兒子的父親嗎？」

年輕的女士走進藥房問：「有賣私處防臭劑嗎？」

「是的，我們有，」藥師回答：「妳想要哪一種？」

「葉綠素防臭劑。」

「抱歉，我們明天才會引進這款商品。」

「明天我無法來。你可以拿給我丈夫嗎？」

「我怎麼會知道誰是妳丈夫？」藥師問。

「噢，很簡單。他高高的，黑頭髮，留著綠色的鬍子。」

男性是主動的，女性是被動的。

道以最初的本質示現，並不斷的演進，進而產生了一切，形成了天、地以及其中的一切萬物。純淨是渾濁的本源，移動是靜止的根基。

不要忘了，這些經文，葛玄並沒有說生理上的男性和女性，和最終的男性和女性是同義的。某種程度而言，是的，它們有關聯，但不是完全同義的。

（這時候有一隻布鼓鳥鳴叫著，大聲地、堅定地。）

這就是女性！現在她是在說：「這些關於道的話語都是胡扯！」這是她的抗議！

第六章
體驗永恆

第一個問題：

奧修，請解釋我要如何對某個東西靜心（mediate over something）而又不使用到頭腦？

迪內許，靜心和頭腦沒有關係；靜心只是意指沒有頭腦的狀態。頭腦的運作是靜心裡唯一的打擾。如果你試著要透過頭腦來靜心，你注定會失敗，一定會失敗。你在嘗試不可能的事。

一個接受了點化的弟子，靜心了好幾年，無論何時他去找他的師父，無論他經驗到了什麼，然後去告訴師父，師父只是否定：「都是胡扯。再回去靜心。」

有一天，師父來到弟子住的小屋——他像佛陀的坐姿一樣地靜坐著。師父搖了搖他說：「你在這兒做什麼？如果我們需要佛像，寺廟裡有很多！只是像佛像一樣地坐著不會使你達到靜心。做我一直叫你做的。只是靜止身體，你的頭腦也不會消失，因為你在透過頭腦強加某些規範到身體上。任何頭腦所做的事都會強化頭腦。那是在給予頭腦養分。」

一年過去了。師父又來了。弟子以某種愉悅的心情坐著，閉上雙眼享受著早晨的微風和日照，想像著他在靜心。師父拿了一個磚塊，開始摩擦著弟子面前的石頭。那是一個很大的干擾，終於，弟子必須大喊：「你在做什麼？你想讓我發瘋嗎？」

師父說：「我試著把這個磚塊磨成一面鏡子。如果持續地摩擦它，我想它會變成一面鏡子。」

弟子笑了。他說：「我常在懷疑你是不是有點神智不清——現在這證明了一切！磚塊永遠不會變成一面鏡子。你可以這輩子一直用它摩擦石頭；但這個磚塊仍然會是磚塊。」

師父說：「還算有點智慧！那你在做什麼？好幾年了，你一直用頭腦來靜心；那就像是把磚塊變成一面鏡子。」

弟子坐在一棵樹下，樹旁有個池塘，師父把磚塊丟了進去。使得池塘濺起很大的水花，磚塊落入池塘的聲音產生了一個奇蹟。某個東西使弟子被喚醒。睡眠被打斷了，夢醒了：他變成警覺的。他第一次嚐到靜心裡面的某些東西。

然後師父立刻說：「就是這個！」

那個發生是不期然地——弟子突然地被喚醒。他並沒有期待發生什麼事，但是師父突然把磚塊丟進池塘，那個濺起的水花……

芭蕉禪師有一首美麗的俳句詩：

古老的池塘。

青蛙跳了進去。

噗通……

就這樣。那個噗通可以喚醒你。

靜心不是努力多少的問題，因為所有的努力都是透過頭腦，所有的努力都是來自於頭腦，所有的努力都屬於頭腦。這怎麼能讓你超越頭腦？你會一直在頭腦裡面打轉。你必須醒過來！頭腦就是睡眠。頭腦是持續不斷的夢、欲望、思想和記憶的過程。

迪內許，你問我：請解釋我要如何對某個東西靜心而又不使用到頭腦？

你不能只用眼睛看東西嗎？你不能不受頭腦干涉的去看東西嗎？鳥兒啾啾叫，這個寧靜……沒有用到頭腦的需要。那是一個觀照的問題，不是專注的問題。

但這不只是你的問題，這是全世界數百萬對靜心有興趣的人會遇到的問題。他們都錯把專注當成靜心。專注是頭腦的某些東西。那是學校、大學教的東西。它有它的用途——我不是說它是沒有用的。它能使你集中在某個客體上。

在科學裡，它是需要的。你必須全然地集中頭腦在一個特定的客體上，這樣你才能深入觀察。你必須排除其他一切，你必須擺脫其他一切。你必須限縮你的意識；你幾乎必須得用針標示出它的位置。就客體世界而言，那是科學的方式。

但是就主體世界而言，這是沒有幫助的，完全沒有。不是要你集中你的頭腦在任何事上面——在神的概念上或某些內在的光、火焰、愛、慈悲——不是要你集中注意；你只需要覺知。

專注的人很容易分心；任何事都能造成分心，因為他在試著做某些不自然的事。只要一個小孩的哭聲，他就分心了；聽到交通的噪音，他就分心了；一架飛機經過，他就分心了；一隻狗開始在叫，他就分心了。任何事都能使他分心。當然，當他分心了，他就會感到痛苦、挫折——他又失敗了。靜心者不會分心，原因很簡單，他從一開始就不是在專注某個東西。

存在不是線性的，它是同步發生的。例如，我在這兒說話，鳥兒啾啾叫，還有交通的噪音，火車經過——這些事同時發生。對這一切，你必須是單純的、寧靜的、觀照的、警覺的——不需要排除任何東西，因為被排除的東西會試著使你分心。如果沒有東西被排除，如果你的覺知是包括一切的，那什麼能使你分心？鳥兒能使你分心嗎？事實上，那會加強你的寧靜。沒有事情能使你分心，因為你不是處於一個緊張的狀態。

專注就是緊張，因此會有這個字「注意」。它和「緊張」一樣來自同樣的字根。覺知不是注意；覺知是放鬆，它是休息。

所以靜靜地休息。思想會經過；不需要擔心——它們能做什麼？欲望來來去去。看著它們來去。不要有任何評斷。不要說：「這是好的；這是壞的，」不要說：「啊哈！這個很棒，這是靈性的，屬於彼岸的！」脊椎上有某些感覺——可能是一隻螞蟻爬上來，然後你開始感覺你的亢達里尼在上升，或者只是在想像——你看到某些內在的光，那不難：你可以看見光，你可以看見色彩，迷幻的色彩。你可以經驗美麗的事，但那都是想像，無論多美麗，無論多麼多采多姿。

不要開始說耶穌、克理虛納或佛陀站在你面前，不要說你開始感覺越來越接近最終的達成，不要說這些是好的。佛陀說：「如果你在路上遇到我，立刻殺了我！」他的意思是：如果我出現在你的靜心中，不要開始感覺很好，因為如果你開始感覺很好，你會執著這個想法——而那只是個想法。只是看著它，沒有偏好地，沒有選擇地。如果你可以無選擇的覺知著內在和外在的每一件事，有一天靜心會發生。那不是你必須做的某件事。

你可以只做一件事，那就是學習觀照的技巧，沒有評斷的觀照。然後有一天你會只是放鬆，在那個全然的放鬆中，會有純粹的覺知。

所有的思想消失了，所有的欲望消失了；不會再發現到頭腦的存在。當頭腦不再存在，這就是靜心。一個沒有頭腦的狀態就是靜心。

所以你一直誤解我的意思。當我說「靜心」，我的意思是：「看。」如果我說：「對鳥兒的歌聲靜心，」我只是說：「看。」我不是說：「專注」——我反對專注。因為我贊成看，所以你可以看著一切。你可以坐在市場上，看著人們，那也可以是靜心。你可以坐在火車站，你可以聽著(watch)各種噪音：火車來了，乘客上車，小販叫賣著，然後火車離去，一個寧靜籠罩了整個火車站。你只是看，你不用做任何事。

慢慢的、慢慢的，你開始放鬆，你的緊張消失了。然後洞見開始萌芽，變成一朵花。釋放出美妙的芳香。在那個寧靜中就是真理、祝福和恩賜。

第二個問題：

奧修，知識是完全沒有用的嗎？

達爾瑪，知識有它的用處，它不是完全沒有用的。但是如果你向內看，它會變得越來越沒有用處；你越深入，知識就越沒有用處。如果你向外看，你越深入世俗，它就變得越有用。這個世界尊敬博學的人。它需要專家；它需要各種攜帶著資訊、知識和專業的人。但是在內在世界中，不會有這個問題：在內在的世界中，同樣的知識會變成阻礙。在外在世界中是有用的東西，會變成內在世界的阻礙。它是通往外在世界的橋樑；它是進入內在探險的障礙。

無論我說了什麼反對知識的事，我只是說對於那些是他們主體性的朝聖者和探險者而言，它是完全無用的。在那兒，有些東西是需要的：不是知識，而是智慧。知識是資訊；智慧是轉變。知識是借來的；智慧是你自己的。知識是自我的滿足；智慧只有在自我被拋棄後才會發生，完全地拋棄，全然地拋棄。知識給你一種高人一等的感覺；它是一種力量，就像金錢一樣。知識是力量。所以如果你有一個研究所學歷，你會感覺比那些沒有研究所學歷的人還好。如果你有一個博士學位，你會感覺有點自負。如果你有一個文學博士學位，當然你會感覺非常特別。如果你有很多學位，那你會開始感覺你不是一般人。

有一次在瓦拉納西，有個人來找我；他是一個舉世聞名的人，因為他有二十個碩士學位。他是世界上唯一有二十個研究所學歷的人，但是我從沒遇過這樣愚蠢的人。他非常地愚蠢，顯然地；他浪費了一輩子去取得知識。他從一個科目換到另一個科目；他全部的努力就是擁有盡可能多的碩士學歷。當他來找我，他已經幾乎六十五歲了；而那時候他還在準備另一個考試。直到他死去，他一共取得了三十個碩士學位。但是當我對他說話，他非常的幼稚，非常的平凡——沒有顯示出任何智慧，但卻非常的自負。

事實上，一個有智慧的人無法是自負的；那是不可能的。如果你的智慧無法讓你清楚地了解到自我是一個虛假的現象，那你並沒有任何智慧。但是人們喜歡吹噓他們的知識。

在內在的世界裡，謙遜會有幫助，單純會有幫助。在外在的世界裡，這些證書和學位確實有一定的用處。

一個知名人士去了倫敦的哈諾德百貨公司，要求購買一隻河馬，並堅持河馬必須在當天下午送到。

「你好，」他解釋：「我非常需要這隻河馬⋯如果我在今天下午沒收到，我會瘋掉！」

出於好奇，服務員問：「那我們要放到哪兒？」

「我的浴缸，」名人回答。

這更令人感到好奇，服務員大聲説：「你的意思是，先生，你要把河馬放到你的浴缸裡？」

「是的！你知道的，是因為我妻子。無論何時我説了什麼，她的回答千篇一律：「我早就知道了。」而今晚，她會來找我説：「浴缸裡面有一隻河馬！」那我就終於能回答：我早就知道了！」

達爾瑪，如果你想要滿足那種愚蠢的自我，知識是有用的；否則它是沒有用的。但是外在的知識已經腐化了宗教。我可以了解科學家為什麼取得知識，因為他需要知識才能運作。記住，科學依賴傳統。宗教不依賴傳統，雖然人們想的剛好相反。他們認為宗教依賴傳統，而科學是對傳統的反叛。並不是這樣，完全不是。

科學是傳統的。沒有牛頓就不會有愛迪生。沒有愛迪生就不會有愛因斯坦。那就是我説的科學依賴傳統：它依賴過去，而你已經很了解過去，否則科學研究無法進行。首先，你必須知道你已經知道的，只有那樣你才能繼續探詢某些還不知道的。如果你不知道那些你已經知道的，你可能要試著找尋某些已經被知道的東西，之後你才可能知道你想知道的。然而你的努力都是白費的。

但宗教不是非傳統的。它是叛逆的，它是純粹的叛逆！不需要有克理虛納才會有佛陀；佛陀的出現不需要克理虛納。基督的出現並不需要仰賴摩西，穆罕默德的出現並不需要仰賴基督，拉瑪克理虛納的出現並不需要仰賴佛陀。宗教是個人的；科學是群體的。因為科學是群體的，它必須依賴知識。宗教是個人的；你必須自己去發現。你不能依賴佛陀，你不能依賴基督，你不能依賴任何人。你必須從頭開始；你不能視一切理所當然。你不能說：「佛陀已經找到了這個，所以我何必再去尋找？」是的，哥倫布發現了新大陸，現在你沒有必要再去尋找。即使你去了美國，你也不能說你發現了美國。人已經可以到達月球；現在就算你到了月球，那也沒有很大的意義——你不是先驅。但這些不適用於你內在的存在。

你內在的存在還沒被發現。佛陀發現了他自己的存在；那不是你的存在。如果你相信他，你仍然是博學多聞的，就內在世界而言，博學多聞的人總是錯的。

而我只關心內在的。我不教你化學、物理或數學等等，我只教你一件事：如何發現你自己。那正是我譴責知識的原因。

一個拉比和一個詩班領唱者在猶太教堂裡一起祈禱著：「噢，主，和您相比，我什麼都不是，什麼都不是，什麼都不是！」

教堂清潔工，聽見他們唱的，也把掃帚放到一邊並加入他們：「噢，主，和您相比，我什麼都不是，什麼都不是，什麼都不是！」

詩班領唱者轉頭對拉比說：「看看誰說他什麼都不是！」

只是一個工友，一個無名小卒——認為他什麼都不是？即使要什麼都不是，你也得先是某個特別的人。你能看得出其中的愚蠢嗎？

借來的知識完全沒有幫助。

一個小偷和神學家決定要逃離監獄。

當小偷爬過牆時，警衛聽到某些嘎嘎聲：「誰在那兒？」

「喵，」小偷裝出小貓的聲音，並安全地通過。

然後當神學家爬過牆時，警衛聽到一些聲音：「誰在那兒？」

「沒事，」神學家回答：「只是另一隻貓！」

知識在內在的世界裡完全沒有幫助。你必須知道你自己。除非你知道你自己，否則你所有的相信都將變成負擔；它們無法幫你卸下負擔，它們無法使你免於束縛。它們會創造新的束縛，美麗的束縛。

待嫁的新娘被她的母親帶到雞棚，母親叫她看著公雞在做的事。

「大概會是像這樣，親愛的！」母親大喊。

新婚夜裡，年輕的丈夫穿著寬鬆的衣褲來到臥室，對眼前的景象感到驚訝：年輕的新娘赤裸地躺在床上，頭上戴著安全帽。

「這是為了什麼？寶貝？」他問。

「你可以做任何你想和我做的事，但是你不能啄我的頭！」她回答。

借來的知識總是在你裡面創造這類的狀況。你可以重覆耶穌、克理虛納、摩西、查拉圖斯特拉、老子所做的，但是重覆不會有幫助；你必須靠你自己學習。是的，你可以吸收師父的精神，成道者的精神，但記住知識無法幫助你，而是智慧。智慧只有在知識被放到一邊時才會來到。可以稱它是知識或頭腦，都是一樣的。頭腦就是知識。當你必須把所有知識放到一邊，你就得把頭腦放到一邊；你處於一個不知道的狀態。而處於一個不知道的狀態就是最美麗的經驗，因為那就是天真。你將會感到驚奇和敬畏。你會再次成為孩子。這會是個重生。只有這個重生可以釋放你內在隱藏的光輝。

你裡面攜帶著一個巨大的光，一個巨大的寶藏，神的王國，但是你執著於借來的東西。不要執著借來的東西，達爾瑪，向內看，去找到你自己的中心。知識使你待在圓周。從圓周跳。放棄知識是最偉大的放棄。

我不要你放棄你的錢、房子和家庭，因為它們不是問題。放棄你的知識，你的頭腦；那是真正的問題，因為那是阻礙著路的某些東西。它擋住你的路，使你無法抵達你自己的中心。

放棄知識，在不知道的狀態下慶祝，然後巨大的智慧將從你裡面升起。你裡面的佛會覺醒。只有那樣可以讓你體驗永恆——不是文字、經典、信仰和知識。

第三個問題：

奧修，你說過要和人相處，一個人必須先知道如何單獨。我可以單獨：但卻無法和人相處，因為那時候會產生需要和期待。一個人必須知道如何和人相處卻又保持單獨嗎？似乎愛必須帶著巨大的覺知。

古帕，是的，我曾經不斷地說過，只有當你知道如何單獨，你才會知道如何和人相處，但是當我說「單獨」，我的意思不是「孤獨」。你一定誤解了我。每個人都可以是孤獨的，但單獨是一個很大的達成，那是一個偉大的成就。孤獨是非常平凡的。人們忍受著孤獨的苦。你可以想辦法避開忍受孤獨的苦：你可以假裝，你可以戴上面具，你可以培養某些興趣，這樣你就不會感受到孤獨的痛苦，但那不是成為單獨的方式。

那不只是你避開孤獨的痛苦的問題。單獨的意思是完全地享受它，完全地為它著迷，對它感到完全的喜樂，如此喜樂以致於即使你無法和任何人在一起，你也不會有任何問題，甚至想和人在一起的欲望都沒有，甚至在無意識裡面，沒有潛伏著任何想要和人在一起的欲望。當你是如此知足——不只是滿足，記住這些字是完全不同的。一個人不需要知足就可以創造滿足。

滿足是某個「接受那個不可避免的」。一個人能怎麼辦？如果一個人是孤獨的，那就只能是孤獨的；一個人必須適應它。人必須使自己適應各種情況。即使你被丟到一個沙漠或小島的某個地方，你也只能調整自己，使自己適應那個地方；你將能繼續活下去。你甚至可以在那兒創造某種滿足。

我聽說有個人，一個基督教傳教士。他的船沉了；但不知為何他活下來了。

他到了一個小島——島上沒有任何人。二十年後，另一條船經過。他揮著手，大叫著——船長聽到了。船長看到那個人；他停了船，準備把那個人帶上船。他自己坐著一隻小船去接他。

那個孤獨的傳教士對船長說：「在我們離開這個小島前，我想要你看看我這二十年的成果。」

他也曾經是個建築師；在他成為傳教士之前，他是個建築師。他打造了一個小城市，一個非常小的城市。

船長感到高興。他說：「等等！讓我船上的所有乘客都來看看。這是個奇蹟！你完成了某個美麗的東西。這些小房子，就像玩具，但卻是美麗的設計。你怎麼做到的？」

他說：「我必須做些事使我保持忙碌，沒有任何空閒，維持滿足的。而我也真的感到滿足。幾年之後，我完全忘記了世界。甚至想要回到世界的欲望都消失了——至少我以為它消失了。看到你的船，我突然了解到它並沒有消失，它還沒有離開我；否則我是非常滿足的。這個小島提供了我需要的所有材料，讓我能創造出這些小房子。」有各式各樣的小房子……

然後他說：「最美麗的是…我帶你去看。」他帶著船長去到一個教堂，天主教教堂。他把教堂蓋得稍微大點——以便人可以進去——因為他需要膜拜。當然，他是單獨一人，但是舊習慣⋯⋯

當他們出來後，船長和其他乘客都感到困惑，因為教堂前面還有另一個教堂，一個新教的教堂。

他們問那個教士：「一個人有一間教堂還不夠嗎？你為什麼還要蓋了另一間教堂？」

他說：「那間是我不會去的教堂，而這間是我會去的教堂！」

舊習慣⋯⋯但是他完全地感到滿足。他說：「不會有人去那兒；它會一直是空的。我沒看過誰去過那兒。」

首先島上除了他之外，沒有別人了，而他只會去天主教教堂，因為他是天主教傳教士，但是他非常快樂和滿足，因為新教的教堂是空的。他把它蓋得很醜，但他做到了——他靠自己做到了。

一個人可以滿足於各種情況。人的適應能力是無窮的；那是人類其中一種偉大的品質。那就是為什麼人可以活在各種天候下，各種溫度下：極寒、極熱、多雨的、無雨的。人類可以活在各種地方，任何地方。為什麼？——因為人有這樣的能力；他是液態的。

所以你可以是孤獨的，並認為你很滿足，但是當你和某人在一起，那將會測試出你是否真的知足。如果在你的孤獨中，你是知足的，那就不是孤獨，那是單獨。如果和某人在一起不會帶來困擾、需要、欲望、期待、嫉妒、佔有和無意識的想要去控制對方，那它就是單獨。否則它只是被掩飾的孤獨，被某些虛假的滿足感掩飾著。

古帕，你還無法單獨，因為如果你能單獨，那就不會有這個問題。那麼無論你是單獨的或和誰在一起，你都是單獨的，而你的單獨是如此無限地美，誰會擔心控制誰的問題？有什麼需要？原因在哪兒？你如此的充滿著喜悅以致於沒有想佔有誰的需要；佔有是如此的醜陋。你會看出它的醜陋。

但是如果你和某人在一起，而這些醜陋的欲望開始移動，開始升起，再度露出它們的頭，如果這些蛇和蠍子開始從無意識移向意識，那只是表示它們在等待適合的時機。現在機會來了。只有那時候才能知道你實際的狀況。

那就是為什麼我不要我的桑雅士離開世界，躲到山上，因為在那兒，你只是把機會留到後面。你會開始住在洞穴，你可以騙自己一輩子，告訴自己知道什麼是單獨，什麼是孤獨。你只會孤獨地、寂寞地，開始想著你是知足的、被祝福的。而事實上你只會是滿足的、不痛苦的，但不是被祝福的。不痛苦不等於是被祝福的。

不生病不等於是健康的、健全的。健康還有某些比不生病更多的東西：它還有某種安逸的存在。有很多沒生病的人，但他們不是健康的。有時候，一個人可以是健康的，同時是生病的，因為健康有一種完全不同的含義。健康不只是醫學上的概念，它是某種比醫學更大的，更廣泛的東西。

例如，普里姆奇瑪亞全身是病。還需要別的病嗎？他受著癌症的苦。癌症每天不斷擴散，但他是健康的；他有一種康樂。他的病只是身體上的，那沒有到達他的意識；他保持懸浮在那個疾病上方。

他的護士，普珈，有一天寫了信：「奧修，能照顧奇瑪亞讓我感覺到我是被祝福的，無限地祝福。在我的生命裡，我看過很多人死去，但他的死亡是完全不同的，品質上是不同的。我從沒看過任何人的死有這樣的美、這樣的寧靜、這樣的靜心品質。」

在最後一刻，他正在聽我最後的演講⋯⋯普珈寫信給我——她也在那兒：「就身體而言，他處於巨大的痛苦中。如此劇烈的疼痛以致於連注射嗎啡也不會有任何幫助。甚至二倍、三倍的嗎啡劑量都沒有任何幫助。那個疼痛如此嚴重以致於似乎沒有任何東西能幫助他。但是當他聽到那個關於耶穌和癌症病人的笑話，」

普珈寫信給我：「他笑了。」

她還寫到：「我可以看出來那個笑不只是來自於身體，因為他的身體完全不是處於能笑的狀態；那是來自某個深處的。我可以看得見、我可以感覺到，他發自內心的笑。透過身體出現的笑容只是一個很淺的笑容。」

在一個完全不同的判斷上，一個非醫學的判斷上，他是健康的。醫學上的判斷，有很多人是健康的，醫學上而言，但實際上是完全不健康的。內在裡除了混亂、空虛、痛苦，沒別的了。人可以隱藏、壓抑，他不只可以欺騙別人，他是如此的狡猾以致於他可以欺騙自己。

古帕，你說：你說過要和人相處，一個人必須先知道如何單獨。

我再重覆一次：是的，除非你知道如何單獨，否則當你和某人在一起後，煩惱會出現，你和某人在一起將會創造出痛苦，因為當你和某人在一起的時候，將會暴露出你孤獨一人的時候所沉睡在你裡面的一切。當你和某人在一起，對方會激發它，對方變成了挑戰。你變成了對方的挑戰，對方變成你的挑戰。

男女關係會將他們的無意識帶到表面上；他們會表現真實的自己。當然，在一開始並非如此。在一開始不會是如此，因為在一開始你會保持表面上的。當你只在海灘相遇幾個小時，或者在滿月的夜晚，你會保持表面上的，因為你還不確定，對方也還不確定是否可以表現出真實的一面。然而一旦蜜月結束，每件事都結束了。

事實上，幾乎每段婚姻都隨著蜜月結束而跟著結束了；然後真實的一面出現了。對婚姻的想像結束了。現在雙方都理所當然的認定彼此無法輕易地離開。現在你不用害怕了；現在你可以表現真實的一面。雙方開始爆發。他們已經壓抑很久以致於他們所有的壓抑開始浮現，然後那個在一起的關係變得很醜陋。

那就是為什麼幾世紀以來，人們逃到森林裡、修道院、山上，只是為了逃離那個在一起的關係。但那不是靈性的正確方式，那不是成長的正確方式。那是逃避現實、出於恐懼的、懦弱的。

我要你們待在世界中。我堅持：待在世界中但是又保持警覺、覺知、觀照。不要壓抑。如果在你的單獨中，沒有任何壓抑，你的單獨會變成一個喜樂的、美麗的經驗。因為你的喜樂而和對方相遇，而不是因為你的痛苦。然後那個相處不只使你們的喜樂加倍，你們的喜樂會是相乘的。無論你攜帶了什麼，在一起會使它們相乘。如果你帶著痛苦，那個痛苦會相乘。兩個痛苦的人相處在一起不只是兩倍的痛苦，它會是兩個人的痛苦的相乘。兩個喜樂的人相處在一起，那個喜樂不只是加倍，它會是兩個人的喜樂的相乘。那個在一起將會是美麗的，但是一個人應該先學習單獨。

如果你知道如何單獨，你將會知道如何和人相處而又保持單獨，因為它不是要再次用不同方式學習的問題；它是同一個現象。如果你知道如何單獨，在任何情況下你也都會知道，無論是在一段關係裡或不在一段關係裡。保持單獨……然後相處在一起會幫助靈性上的成長、靈性上的整合、靈性上的無窮，因為那給你一個機會，一個偉大的挑戰。那使你被暴露在強光下，你可以看見你自己。對方變成一面鏡子。

關係是一面鏡子。沒有鏡子，你就無法看見你的臉。沒有對方，你就無法看見你的真實。對方變成了一面鏡子——鏡子是好的。

我聽過一個不用鏡子的醜陋女人——自然地——因為她以為是鏡子使她變醜的，鏡子背叛她。因為她的邏輯是：「無論何時，只要沒有鏡子，我就不會感覺到任何醜陋，我是完美的，很好的。只有當鏡子存在時，我才會立刻變成醜陋的。鏡子必須負責任。」

她如此反對鏡子以致於她常常摔破鏡子。無論何時她看到鏡子，她會立刻摧毀它，因為鏡子是敵人。

她的邏輯和你們的修士、修女並無不同；他們做的是一樣的事。進入修道院表示逃離鏡子——譴責關係、譴責愛、譴責世界。你們所有的聖人都在害怕鏡子，整個情況就是這樣。但是害怕鏡子只是表示你在害怕你自己的醜陋；你不想看見它。沒有了鏡子，當然你就不會看見它，但是那不表示它消失了——它還是在那兒。任何時候、任何事⋯如果沒有鏡子，也許是一個寧靜的湖面，而你會看見它。不管你是否看見它，別人都看得見。

你可以看看你們聖人的臉，你們所謂的聖雄。他們都是悲傷的，他們看起來不是喜樂的。他們似乎不喜歡蓮花，他們比較喜歡石頭——幾乎是死的、完全遲鈍的、平凡的。

似乎看不見任何鋭利的智慧，因為他們逃離了可以磨鋭他們智慧的地方。他們的智慧繼續累積著灰塵，但是他們以為他們達成了，以為他們已經達成神要他們達成的。他們完全地錯過了機會。

神會問他們：「我給了你生命，而你逃離它。你否定了我給你的生命，你拒絕我的禮物。你在反對我。」

喬治葛吉夫曾說過一段非常奇怪的話——但是只有像葛吉夫這樣的人敢完全的講出赤裸裸的真理——他曾說過：「你們所有的聖人都是反對神的。」當你第一次聽見這樣的話，你會無法相信。聖人，反對神？但葛吉夫是對的。他的意思就是那樣，他不是在開玩笑！你們的聖人都是反對神的，因為他們反對生命。

我不反對生命。我無限地熱愛著生命。

古帕，學習單獨——那只能透過靜心發生——讓鏡子出現在你的生命中，這樣你就能看清楚你在哪些地方有所成長，你有哪些部分成長，你成長了多少。

在這個社區裡，我們在做著一件以前從沒被做過的事。世界上有很多成長中心，特別是在西方，很多治療團體在運作著。也有很多靜心中心，特別是在東方，人們在那兒靜心。而這裡是唯一人們同時可以靜心和加入治療團體的地方。表面上看起來它是矛盾的，因為靜心的意思是學習如何單獨，而治療團體的意思是學習如何在一起。但這是我重要的方法；你必須同時學習兩者。

還有你說的這句話是對的，古帕，愛的方式必須帶著巨大的覺知。

對於覺知的方式而言也是一樣：它必須帶著巨大的愛。事實上，愛和覺知是同一枚硬幣的兩面。

第四個問題：

奧修，除了這些哲學演講，你何不說一些笑話？我想你的桑雅士能理解的。

斯瓦米布達普里姆，這個問題顯示出你不是我的桑雅士。你說：我想你的桑雅士能理解的。

你似乎走錯地方了。你不該在這兒。你一定是帶著錯誤的概念來的。你一定是想來這兒學習哲學的。你一定是一個嚴肅的人——而嚴肅是一種病態。

哲學都是胡扯！我對哲學沒興趣；當然我的桑雅士也對哲學沒興趣。那些屬於我的人是對生命有興趣，而不是對哲學有興趣。生命是真實的；哲學是虛假的。但是哲學一直被推崇了好幾世紀，我們活在這樣的制約裡。沒有人告訴你哲學是虛假的東西。

佛陀不是一個哲學家：他喜歡說寓言。耶穌不是一個哲學家：他使用很多寓言。

我的笑話是新時代的笑話——因為對我而言，笑是生命裡其中一件最重要的事。無法笑的人將無法生活。

但是常常發生這樣的情況。很多次——事實上，比不常發生的情況還要多——你來到這兒是因為錯誤的理由，以為你將要見到某個東方的哲學家。我不是東方的，也不是哲學家！就過去的觀念而言，我甚至不是宗教性的：我不是一個聖人或聖雄。事實上，你無法將我歸到任何類別。你必須為我創造一個新的類別，因為現有的類別沒有適合我的。我無法符合其中一類，我也不想符合其中一類。只有東西才被分類，而不是人被分類，不會是真正的人。

一個女士進入一間服飾店，問他們是否有賣胸罩襯墊。

「當然有的，這位女士，」業務員回答。

「我想知道的是，」女士說：「你們是否有賣品質最好的胸罩襯墊？」

「當然！」業務員大喊：「我們不賣仿冒品！」

所有的哲學家都是虛假的，所有哲學都是仿冒品。我是存在性的。但你一定是來到錯誤的地方。你只得改變自己，不然就得離開——我不會給其他的選擇。如果你想要和我在一起，你必須了解這裡所發生的，並成為它的一部分。如果你覺得不可能，你已經知道什麼才是正確的，那麼這個地方不適合你，這裡的人不適合你。

你知道發明第一架無法飛離地面的飛機的兩位科學家嗎？你知道他們的名字嗎？他們的名字是錯誤兄弟。

這兒的人都是錯誤兄弟，你似乎是非常正確、正直的人。你得選擇是否要成為這個奇怪地方的一部分…這是諾亞的方舟——這兒有各種動物！我不會再稱它是佛陀廳，它是諾亞的方舟！

但是如果你對哲學有興趣，你可以去任何大學；世界上有數千個大學。如果你對任何錯誤的事情有興趣，它是很容易得到的。但是記住，所有你花費的時間只會浪費掉，然後有一天你會後悔不已。

一個在迪士尼世界遊玩的旅客將一枚硬幣丟進許願井。他才剛許了一個不道德的願望，馬上就有一個美女拍了他的肩膀，叫他跟著她走。她帶著他到了一間豪華客房，遞給他絲質的睡衣褲，然後她放了音樂，點了些蠟燭，並給了他一杯馬丁尼。然後她開始脫衣服。

她摘下她的金色長髮，那是頂假髮，她拿掉她的假睫毛和她美麗的假乳。然後那個旅客發現她甚至不是女人，他絕望的大喊：「這是為了什麼？」

那個男孩回答：「現在你將學會不再把假硬幣丟到許願井裡面。我親愛的小騙子！」

布達普里姆，你說：除了這些哲學演講，你何不說一些笑話？

不然我一直在這兒做什麼？你以為我一直在進行哲學演講嗎？那你完全沒聽進去我所說的話。哲學演講不是我的興趣，我對笑話有興趣。我使用笑話不是為了說明哲學，剛好相反：我使用哲學是為了說笑話！

你以為我在看你的問題嗎？胡扯！我是先看我的笑話，然後才看你的問題。如果你的問題適合我的笑話，那很好，否則它會被丟到垃圾桶。那些真的想要我回答他們問題的人，他們已經掌握到訣竅：他們先給我笑話，然後才給我問題。這樣他們就能確定他們的問題會被回答。但首先，給我笑話！

我對你們的笑聲更有興趣⋯⋯

你說：我想你的桑雅士能理解的。

他們非常喜愛！但是要那樣，他們必須先成為我的桑雅士。你還不是一個桑雅士，否則你會說：「我們會理解的。」你說：「你的桑雅士，」你讓自己在一邊觀看，你不把自己當成我的桑雅士。

事實上，哲學是什麼？它是在思考無法思考的事。它在試著了解無法被了解的事。它是一個荒謬的行為。哲學家知道，但是他們很享受這樣的行為。它就像一個遊戲，像西洋棋一樣。就像有人喜歡下西洋棋一樣，也有人喜歡哲學。

有一個哲學家想要改變世界。他認為神犯了很多錯誤，他認為上帝在七天內創造世界之前，應該考慮久一點。

有一天，當他躺在草地上想事情時，有幾隻鳥飛過他的頭上，同時有一隻母牛慢慢地從他身邊走過去。

「看，」他對自己說：「另一個大自然的錯誤！母牛對人類多麼實用，卻必須拖著自己在地上走，而小鳥完全沒有用處，卻可以飛翔並很容易地移動！」

就在那時，其中一隻鳥飛過並在他頭上拉了屎。

哲學家愣在那兒，想了一會兒然後大叫：「抱歉，上帝，我的意思不是母牛應該用飛的！」

哲學是什麼？它只是在思考沒有用的事。例如，前幾天我對你們說過：「在一開始只有黑暗和義大利麵。」現在，如果你是一個哲學家，你會因為這個問題折磨自己：誰發明了義大利麵？它從哪兒來的？我知道這種情況會發生，因為我了解我的義大利桑雅士。我知道她，拉哈。無論何時，我觸碰了她的第三眼，事實上不是第三眼…而是一層一層的義大利麵。我一直如此、一直如此…到現在已經好幾年了！但是我仍然喜歡觸碰她的第三眼——它非常柔軟！所以我知道這個故事是真的。

但是哲學家一直在問這樣的問題：「神創造了世界。那誰創造了神？」然後無論你給了什麼樣的答案，將會創造出另一個問題。如果你說了甲乙丙，或某個人，然後他們就會問：「誰創造了甲？誰創造了乙？誰創造了丙？」問題會不斷的持續下去；它必須停在某個地方。

所以當庫圖米大師對我大叫說：「閉嘴！」我立刻了解——他是對的，因為在這種情況下，一個人必須閉嘴！

我是非常存在性的。我不擔心誰創造了義大利麵，我只是深入的看著拉哈的雙眼，然後我知道那是真的。阿卡西紀錄說了某件絕對正確的事。每個人都該嫉妒，因為充滿了義大利麵比充滿牛屎好太多了。印度人就是充滿了神聖的牛屎！他們過去是喝牛尿，而現在已經有很大的進步了：莫拉吉得賽喝他自己的尿。這就是進步！這就是進化！沒有人可以反對說這不是進化，從喝牛尿到喝你自己的尿。那是進入獨立的第一堂課。

布達普里姆，你只是在形式上成為我的桑雅士——去真實的成為我的桑雅士——享受這個偉大的機會，成為不嚴肅的，把生命當成樂趣，享受它。生命由很多小事組成，但是如果你學會如何享受那些小事，平凡會變成非凡，世俗會變成神聖，外行會變成內行。

宗教不是某個切斷你和生命及其喜樂的東西，它加深了你的喜樂。事實上，只有一個真正宗教性的人可以吃、喝和享樂。吃、喝和享樂，一直被認為是沒有宗教性的；一直被說成是唯物主義的哲學。但是我告訴你們，唯物主義者無法吃、喝和享樂，只有靈性主義者可以，因為他能更深入的思考。然後義大利麵就變成有靈性的。誰在乎第三眼？何必需要第三眼？只有兩隻眼睛就已經創造了這麼多麻煩！三隻眼睛將會創造更多的麻煩；它們會在你裡面創造一個三角形！

但你在這兒一定幾乎是無意識的。

一個哲學家進了一家酒吧，要了十杯威士忌。

「十杯？」驚訝的酒保大喊。

「十杯！」哲學家回答。

於是酒保給了他十杯酒，讓他吃驚的是哲學家喝了全部的酒。

然後他要了九杯威士忌。喝完後他又要了八杯，然後七杯，一直下去，直到他終於喝到只剩下一杯威士忌酒。

喝完最後一杯之後，他含糊不清地對酒保說：「告訴我，兄弟，為什麼我喝越少，我卻感覺越醉？」

第五個問題：

奧修，當過多的存在性一次發生在一個人身上，超過他所能吸收的，超過他所能消化的，相較之下，先壓抑它，等到信任和天真成長到可以接受的程度不是比較聰明的做法嗎？雖然因為壓抑，我的身體慢慢變形，但我感覺又爭取到更多的時間。

阿南德替羅帕，壓抑和對抗，來自於壓抑和對抗的信任和天真要如何成長？你會使它越來愈不可能。天真意味著一個全然赤裸的狀態，完全非壓抑的狀態。壓抑的人變得很複雜，他們無法變成天真的。他們裡面的每件事都變成跛腳的、癱瘓的、不坦率的。他們開始分裂，事實上，他們變成很多個，不只是兩個。他們有一道把自己顯示給世界的門以及另一道門，一個後門，他們透過這道門活下來。他們說了某件事，他們做了某件事——然而他們想的是別的事。他們總是處於混亂中，他們無法是天真的。

天真不需要壓抑，它需要自發性，它需要自然。無論你壓抑了什麼，那都會變成你的問題。如果你壓抑憤怒，憤怒會變成你的問題。然後憤怒會隱藏在每件事中。事實上，如果有太多壓抑的憤怒，你會沒來由地一天二十四小時憤怒著，因為現在不是因為任何正當的原因而生氣的問題，你只是裡面沸騰著——任何藉口都能生氣，或者如果找不到藉口，你會開始發明藉口。

一群修女被一個兇殘的非洲部落綁票，關在一個非洲內陸的修道院裡。聯合國立刻收到通知，幾天後，一個軍隊被一架飛機送到這個黑色大陸的中心地帶。

那是一個成功的行動。軍隊包圍了部落，救走了修女們，並把她們帶到飛機上。

陸續登機的修女穿著破爛的衣服，浮腫的嘴唇，一頭亂髮，並袒露著胸部。「還好你們救了我們！」她們說：「我們無法再忍受下去了。那些黑人用他們巨大的「東西」整天不斷的幹著我們、幹著我們、幹著我們！」

軍人們試著一個個的安慰她們。終於，最後一個修女登上了飛機。她非常美麗，有著完美的體態。她很乾淨、頭髮梳得好好的，並且很鎮靜。

一個軍人對她說：「多麼令人遺憾啊，修女；你的姊妹承受了⋯那些黑人用那個巨大的東西整天一直幹著、幹著、幹著。」

那個美麗的修女回答說：「不，他們沒對我這樣做。」

「為什麼？」他問。

「因為我無法像她們一樣很享受！」她說。

如果你壓抑，你會找到別的方式。如果你壓抑性，你會找到某些方式被強姦，這樣責任就不在你身上，然後你會認為你是完全不用負責的。但事實上是因為壓抑才帶來了強姦。因為壓抑而有了各式各樣的罪。它無法帶著你進入天真。

不，替羅帕，如果你想要天真，你不需要時間，你需要的是了解，你需要的是洞見。時間不會有幫助，因為你同時在做什麼？你會繼續你的舊習慣：你會開始壓抑。你需要直接的洞見。你已經壓抑了好幾世——夠了就是夠了。現在了解這點，拋棄你所有的壓抑。就在這個地方拋棄！如果你無法在這兒拋棄你的壓抑，你就無法在全世界的任何地方拋棄它們。

那就是我為什麼大力地譴責——很明顯地，因為世界上所有的社會都存在於壓抑中。而我全部的方法就是非壓抑的自發性；只有那樣，天真才會回到你身上。那是你的本性。天真不是某件要達成的事；它只是被壓抑在你裡面。如果移除了所有的壓抑，它會開始浮出表面。你會再次成為孩子。

耶穌這樣説是對的：除非你再次成為孩子，除非你再次出生，否則你無法進入神的王國。

第七章　進入那個敞開的天空

第一個問題：

奧修，小孩真的一直像你說的那樣有智慧嗎？

高塔米，智慧不是某種後天養成的東西，它是內建的，它是天生的，它是生命本身所固有的。不只小孩是有智慧的，動物也有它們的智慧，樹木也有它們的智慧。

當然它們的智慧是不同的，因為它們的需要是不同的，但是所有的生命都有它們的智慧，那已經是不爭的事實。生命不能是沒有智慧的；因為生存下去和有智慧的是同樣的意思。

但是人處於進退兩難的狀況，因為他不只是有智慧的，他也覺知到他的智慧。那是人獨特的地方，那是他的特權、他的優勢、他的光芒，然而那很容易就變成他的痛苦。人可以意識到他的智慧；那個意識帶來了問題。第一個問題是它創造了自我。

只有人類擁有自我，而自我隨著小孩成長而跟著成長。父母、學校，他們都在幫助加強自我，原因是好幾世紀以來，人必須奮鬥以便能生存下去，因此有了一個固定的概念，一個深深的無意識的制約，那就是只有強大的自我才能在生活的奮鬥中生存下來。生命已經變成一個生存下去的奮鬥。而科學家提出的適者生存的理論使這種概念更有説服力。所以我們幫助每個小孩去變得越來越自我，然後問題就從裡面出現了。

隨著自我的強大，它開始像一層厚厚的黑暗圍繞著智慧。智慧是光，自我是黑暗。智慧是非常脆弱的，自我是非常堅硬的。智慧就像一朵玫瑰花，自我則像一塊石頭。如果你想生存，他們說——所謂的智者說——你必須像石頭一樣，你必須是強大的，不會受傷的。你必須變成一座城堡，一個封閉的堡壘，這樣你才不會受到外來的攻擊。你必須變成無法通過的。

但是這樣你就會變得封閉。就你的智慧而言，你開始死亡，因為智慧需要敞開的天空、風、空氣和太陽，以便成長、擴展和流動。要保持有生氣的，就需要不斷的流動；如果越來越不流動，它會慢慢地、慢慢地變成一個死亡。

我們不允許小孩保有智慧。第一個原因是，如果他們是有智慧的，他們會是容易受傷的，他們會是脆弱的，他們會是敞開的。如果他們是有智慧的，他們會看清楚很多社會、政府、教會和教育體系的虛假。他們會變成叛逆的。他們將成為獨立的個體；無法輕易的威脅他們。你可以摧毀他們，但是你無法奴役他們。你可以毀滅他們，但是你無法強迫他們妥協。

某方面而言，智慧是非常柔軟的，就像一朵玫瑰花，另一方面而言，它有它的強度。但那個強度是精微的，不是粗糙的。那個強度是叛逆的強度，是不妥協態度的強度。他已經準備好赴死，他已經準備要受苦，但是他不準備要賣掉他的靈魂。

而社會需要奴隸；它需要像機器人或機器的人類。它不需要人，它只要老舊的機械。因此那個制約是：使自我強大。這樣做有兩個目的。第一：它使一個人認為現在他可以在生活中去奮鬥。其次：它可以讓那些既有利益者差遣。他們將能剝削他；他們為了自己的目的可以把他當成工具。

因此整個教育體系都繞著野心的概念打轉；它創造出野心。野心就是自我。「成為第一、成為最知名的、成為首相或總統、成為世界知名的、流芳百世。」它不教你全然地生活，它不教你全然地愛，它不教你優雅地生活，它教你如何為了自己的目的去剝削別人。我們認為聰明的人就是成功的人。他們是狡猾的，但我們稱之為聰明。但他們不是有智慧的人。

一個有智慧的人永遠不會把別人當成工具使用；他會尊敬別人。一個有智慧的人會看出一切是平等的。是的，他也會看到差別，但是就平等而言，那個差別並不會造成任何不同。他會對別人的自由帶著極大的尊敬——他無法剝削他們，他無法把他們貶成東西，他無法為了一個要成為第一的荒謬欲望，而把他們當成成就自己的墊腳石。但是我們不斷的制約小孩，然後問題出現了⋯⋯

你的問題是重要的，高塔米，因為不是只有我說小孩是有智慧的，佛陀、老子、耶穌和所有的覺醒者都說過。耶穌說：除非你像一個小孩，否則你沒有任何希望。他又說：除非你成為小孩，否則你無法進入神的王國。他一再地重覆他其中一個最著名的佈道：在這個世界沒沒無名的人有福了，因為他們將是第一個進入神的王國的人。他在教導無野心的——成為默默無名的。他說：柔順的人有福了，因為天國是他們的——柔順的、謙虛的、在隊伍中排在最後的人。所以很自然地，耶穌所出生的社會反對他是非常正常的，因為他在摧毀他們野心的根。

而猶太人一直是非常有野心的人，好幾世紀以來一直是非常有野心的，以致於他們一直反對冒著一切可能的風險，他們在頭腦裡面一直攜帶著那個想法，那個他們是神的選民的想法。由於這個愚蠢的想法而帶來了一千零一種災難；如果他們能拋棄這個想法，他們會更容易被這個世界接受。但是他們做不到——那牽涉到他們全部的自我。而且那是個古老的自我，至少有三千年之久。自從摩西以來，他們就一直攜帶著他們是神的選民的想法。

然而這個人卻說：「成為默默無名的！」。「我們應該是要成為舉世聞名的，而他卻說：「成為謙虛的、柔順的！」我們是神的選民，如果我們是謙虛的、柔順的，那麼那些不是神選上的人將會變成是舉世聞名的！」而且猶太人是世俗的人；他們不擔心其他的世界。他們是世俗的。「誰會知道別的世界？這個人說：「如果你在這兒是默默無名的，那你將會是第一個進入神的王國的人。」但是神的王國在哪兒？那也許是虛構的，只是個夢。」

耶穌看起來像是一個夢想家；也許是一個詩人，但是他在摧毀他們的根基。他們無法原諒他；甚至到現在都還沒原諒他。他們仍攜帶著「我們是神的選民」的想法。他們一直因為這個想法受苦；他們受的苦越多，那個想法就更強烈——因為如果你必須面對痛苦，那你得變得越來越自我，更像石頭，這樣你才能競爭、奮鬥，這樣就沒有人能夠摧毀你。但是他們也因此變得非常封閉。

耶穌為他們創造了一個機會；但是他們拒絕了他。他叫他們進入那個敞開的天空。他告訴他們只需要做平凡人：「拋棄這個要成為不凡的人的胡扯。」如果他們聽從耶穌，他們全部的歷史將會是不同的，但是他們聽不進去。

印度教徒無法接受佛陀說的話，理由是——同樣的理由——印度教徒攜帶著他們是世界上最神聖的人的想法、他們的土地是最神聖的土地的想法。即使神都想投胎到印度！沒有其他國家是如此的神聖。而佛陀卻說：「這些都是胡扯！」他們必須反對他。佛教被這個國家趕出去。沒有任何社會可以容忍這樣的人，沒有任何社會可以容忍訴說真理的人，因為他們似乎在破壞這個社會的結構。

但是當我們受的苦已經夠多的時候，時機來了。無論在任何情況下，全世界的人所受的苦已經夠多了，是該看看歷史上發生過的愚蠢和荒謬的時候了、是該拋棄這些自我本位想法的時候了。

去觀察小孩，高塔米，然後你就不會問我——你會了解他們的智慧。是的，他們不是博學多聞的。如果你要他們是博學多聞的，那你就不會認為他們是有智慧的。如果你問他們的問題需要依賴資訊來回答，那麼他們看起來是沒有智慧的。但是如果問他們和資訊無關的真正問題，需要立刻回應的問題，你去看——他們會遠比你還要來得有智慧。當然你的自我不會允許你接受這個事實，但是如果你能接受，那將會有非常大的幫助。不只幫助了你，還有你的小孩，因為如果你能了解他們的智慧，你將能從他們身上學到很多。

一個蘇非神秘家哈珊將要死去。當他臨死前，一個人問他：「哈珊，你從沒有告訴我們誰是你的師父。我們一直問你；你總是避而不答。現在你要離開世界了。請告訴我們誰是你的師父吧。我們非常好奇。」

哈珊說：「我一直不回答這個問題的原因是，我的生命中不只出現過一個師父，我從很多人身上學到很多。我第一個師父是一個小孩。」

他們感到震驚。他們說：「小孩！你說什麼？是不是因為你要死了，所以神智不清？你瘋了嗎？」

他說：「不，聽我說個故事。我曾去到一個小鎮。雖然在那時候，我還不知道真理，但我是博學多聞的。我是一個學者。我是聞名全國的；即使在別的國家也流傳著我的名聲。人們開始來見我，他們認為我知道真理。我假裝我知道，我假裝我不知道我在假裝——我幾乎是無意識的。因為人們相信我知道，他們使我相信我一定是正確的，我一定是知道的，否則為什麼有這麼多人來見我？我成了一個老師。完全不知道，完全沒經驗過真理，完全沒進入過我自己的內在世界，我在談論偉大的事。我知道所有的經典；我是滔滔不絕的。」

「但是有三天，我在一個沒人知道我的國家裡旅行著，我非常希望有人能問我一些事，這樣我就能展現我的博學。」

博學多聞的人會變成表現狂；那是他們的喜悅。如果要一個博學多聞的人保持沉默，那他寧可自殺。那還有什麼活下去的意義？他必須展現他的知識。只有一個智者能夠保持沉默。對智者而言，即使說話都是個負擔；他只會在必須說話的情況下說話。而博學多聞的人說話是因為他無法保持沉默。那有一個很大的差別；你可能無法從外在看出來，因為都是在說話。佛陀說話、耶穌說話、哈珊也在說話。他們都在說美麗的事。有時候博學多聞的人說的話會比智者說的話還要有智慧，因為智者說的話可能是矛盾的、自相衝突的，但博學多聞的人總是邏輯的、一致的；他可以引用所有證明、爭論和經典來支持他。

但是有三天他必須保持沉默。那幾乎就像禁食，他感覺很飢渴——對聽眾的飢渴，對某個人的飢渴。但他沒遇到任何知道他的人，所以不會有人問他問題。

他進入這個小鎮。天色已經暗了，太陽剛落下。一個小孩拿著一盞陶燈，他問那個小孩：「我的孩子，我能問你一個問題嗎？你要拿著這盞燈去哪兒？」

小孩說：「我要去寺廟。我母親叫我把這盞燈放在那兒，因為寺廟裡面黑漆漆的。這是我母親的習慣：總是在晚上去那兒放一盞燈，這樣至少廟裡的神就不用待在黑暗中。」

哈珊問那個小孩：「你似乎很有智慧。你能告訴我一件事嗎——你自己把燈點著的嗎？」

小孩說：「是的。」

然後哈珊說：「第三個問題，我最後想問你的問題：如果是你自己把燈點著的，你可以告訴我火焰從哪兒來的嗎？你一定有看到它從某個地方來到。」

小孩笑了，他說：「我要做一件事——看好！他把燈吹熄了，他說：火焰剛在你面前消失了。你可以告訴我它去哪兒了嗎？你一定有看到！」

哈珊完全說不出話；他無法回答。那個小孩剛讓他知道他的問題雖然聽起來是切題的、有意義的，但卻是荒謬的。他彎下身，觸碰了那個小孩的腳。

哈珊對那個發問者說：「那個小孩是我的第一個師父。在那一瞬間，我了解到我所有的哲學理論都是沒有意義的。我什麼都不知道。我甚至連光是怎麼來到燈裡面的都不知道，燈被吹熄後，我連光去了哪兒都不知道——而我一直在談論誰創造了世界，誰如何創造了世界，誰何時創造了世界！從那時起，我一直記得那個小孩。他可能已經忘記我了，他可能認不出我了，但我無法忘記那件事。」

「從那時起，數以千計的人都給了我教導。我一再地避開這個問題是因為我的師父不只一個。很多人都曾經是我的師父，我從很多地方學習，然後我學到了一件事：除非你透過你自己的經驗知道，否則所有的知識都是沒有用的。」

「後來我拋棄了所有我學到的、我知道的，我燒掉了我全部的經典。我拋棄了要成為一個學者的想法，我忘記了我全部的名聲。我開始像乞丐一樣的旅行，完全不為人所知的。然後漸漸地，深入到靜心裡面，我找到了自己的智慧。」

雖然社會摧毀了你的智慧，但是社會無法完全地摧毀它；它只能用很多層知識覆蓋它。

這就是靜心全部的功用：帶著你深入到你自己裡面。它是個進入到你的存在的方法，一直挖掘，直到你找到你那流動智慧的水，直到你找到你的智慧之泉。當你再次找到你的童心，當你再次出生，只有那時你才能了解我為什麼一再地強調小孩是真的有智慧的。

但是要從觀察小孩開始，他們的回應——不是他們的答案，而是他們的回應。不要問他們愚蠢的問題，問他們一些立即性的，不需要依賴資訊的，然後看看他們的回應。

小派卓的母親正為他打扮以便他能參加派對。當她梳好他的頭髮後，她拉直他的衣領說：「去吧，孩子。玩得愉快…還有注意自己的行為！」

「母親大人！」派卓說：「在我離開之前，請決定好我可以做哪個！」

你了解嗎？母親說：「玩得愉快…還有注意自己的行為。」現在，兩件事不可能同時做到。而小孩的回應確實具有極大的意義。他說：「在我離開之前，請決定好我可以做哪個。如果你允許我可以盡情的玩樂，那我就無法注意自己的行為；如果你要我注意自己的行為，那我就無法玩得愉快。」小孩可以非常清楚地了解那個矛盾；但是母親沒辦法了解。

一個路人問一個男孩：「孩子，你可以告訴我現在幾點嗎？」

「好的，當然，」男孩回答：「但你問這做什麼？它一直在改變！」

學校前面設置了一個新的交通號誌：「慢速行駛。不要傷害到學生！」

隔天，號誌下方有一個小孩的塗鴉：「老師經過時可以開快點！」

小派利諾放學回到家中，臉上帶著燦爛的笑容。

「親愛的，你看起來很快樂。你喜歡學校嗎？」

「別傻了，媽，」男孩回答：「不要把上學和放學混為一談！」

漫步在上學的途中，小男孩暗自祈禱著：「親愛的上帝，請不要讓我遲到。我祈求您，上帝，請讓我準時到達學校⋯⋯」

就在此時，他踩到香蕉皮而滑出了好幾公尺。當他站起來後，他生氣的看著天空說：「好啦，好啦，上帝，沒有必要這麼急嘛！」

一個心理醫生在對一個小男孩做測試：「你長大以後想做什麼？」醫生問。

「我想要當一個醫生、一個畫家或一個窗户清潔工！」男孩回答。

醫生感到困惑：「但是⋯你沒有很清楚要選擇哪一個嗎？」

「我很清楚啊。我想看裸女！」

晚餐後，父親在客廳說故事給小孩聽：「我曾祖父在阿根廷戰爭中對抗過羅薩斯，我叔叔在第一次世界大戰中對抗過威廉二世，我祖父在西班牙戰爭中對抗過共和政府，我父親在第二次世界大戰中對抗過德國人。」

最小的兒子說：「狗屎！這一家人怎麼了？他們就是和任何人都處不來！」

第二個問題：

奧修，你是誰？

德本，我只是一面鏡子——不會更多，也不會更少。如果你靠近我，你會看到你原本的臉。很多人會看到醜陋的臉，然後他們會對我很生氣。他們會認為這個醜陋是我的一部分。很多人會看到美麗的臉；他們會對我著迷。他們會認為這個美是我的一部分。但是兩者都錯了。

就在幾天前，周日政治報發表了一篇關於我的文章。文章標題是「羅傑尼西——是聖人還是好色之徒？」作者是一個有名的孟加拉學者，一個奧羅賓多的跟隨者。他寫過很多書，特別是關於奧羅賓多的哲學。他無法做出結論；他猶豫不決。我享受著他的文章。這個時候他認為我是個聖人，但別的時候他又認為我是個罪人。這個時候他認為我是神，但別的時候他又認為我是惡魔的化身。整篇文章完全是混亂的練習。那個混亂可能是因為讀了我的書，因為他過去都在讀奧羅賓多的書。

我在奧羅賓多的書裡面看不出有任何重要的東西，因為它只是哲學。他是一個偉大的學者，一個天才，一個具有非凡才智和天賦的人，但不是一個師父，不是一個佛。他創造了一個偉大的思想體系，非常邏輯的。他的方法就如同他一樣

：學術的、精深的、邏輯的。他試著依照印度所認定的完美聖人來過日子，他盡可能在外在上做到那樣。他培養了一個偉大的人格，但那只是一個人格，裡面沒有任何意識，那是沒有任何意識的道德觀。他只是跟隨印度教認知的完美聖人。

這個作者也對聖人有固定的概念。我不屬於任何類別。我無法被歸類到任何類別——印度教、基督教、回教、耆那教、佛教。我不屬於過去，我屬於未來。我在創造一個我自己的類別；未來將會有適合我的類別的人。它是一個新的現象，因此還沒有任何關於它的歷史。它有未來，但是沒有過去。因為他無法讓我符合印度教對於完美聖人的概念——由於邏輯的頭腦思維是非此即彼——那我一定是個惡魔！但是他也無法把我歸類到那個類別；他似乎無法堅定立場，他在猶豫。確實，那是不可能的，因為聖人和惡魔是彼此的對立面。他們都屬於過去——我完全不屬於過去。所以他不斷從這個論點來到另一個論點，最後仍無法做出結論，並感到很混亂。

但是如果他能了解那個要點：就是他必須和鏡子面對面，然後他可以看到他自己的衝突，過去和未來之間的衝突，他自己的意識和無意識之間的衝突，他的道德觀和意識之間的衝突，他的人格和他的本性之間的衝突。但是他可能無法知道這麼多。他以為他在思考關於我的事情——事實上他只是在看著他自己的臉。

德本，你問我：你是誰？

你是可以了解的——你在這兒，和我在一起。你可以了解那個事實：我只是一面鏡子。你有時候會生氣。記住，那個憤怒和你有關，它和我無關。你有時候很快樂、很喜悅；那也是屬於你的，那和我沒有關係。我沒有涉入其中。如果你成道了，那是因為你自己；我不會說那是我的功勞。你甚至不需要對我有任何感激。我甚至不期待你對我說聲謝謝；相反地，我要感謝你，因為現在你不需要我的鏡子了，我的鏡子可以給別人使用。你會變成你自己的鏡子，你會開始映照著別人的臉，他們的實相。

我要我所有的桑雅士都變成鏡子，這樣他們就能幫助世界上的數百萬人。如果你能記得這個，偉大的事將會開始發生在你身上；否則你會繼續怪罪我，因為每次我說了某些事，都會傷害到你。如果你長久地攜帶著一個固定的概念，它深植於你裡面，然後我開始打擊⋯⋯那也是唯一我能做的。任何錯誤的事發生，鏡子一定會顯示出來給你看到。鏡子沒有錯。如果你的臉看起來是悲哀的，鏡子將會顯示出那個悲哀。但是不要因為這樣而摧毀鏡子。

那就是為什麼那個可憐的人要對我擲刀子。他無法忍受這面鏡子。他只聽了我三、四天的演講，然後他變得很激動，因為我所說的顯示出他的盲信、顯示出他對印度教盲目的信仰態度，使得他無法容忍我。

猶太人無法容忍耶穌的原因是他顯示出他們的臉。人們攜帶著醜陋的臉，因為沒有鏡子，所以他們看不見自己的臉，然後他們可以繼續感覺良好地滿足現況。當你看不見你的臉，你會以為你是美麗的。而人們是有禮貌的，沒有人會說你什麼。那就是為什麼只有當你不再那兒的時候，他們才能說你的事，他們必須在你背後談論你。他們會八卦，但是他們永遠不會在你在場的時候八卦。他們會和你說些別人的八卦，然後和別人說些你的八卦——你也在做一樣的事。

心理學家說，如果世界上的每個人決定二十四小時內完全保持真誠和實在——只要全世界決定在二十四小時內：「我們將不保持禮貌，我們不說謊言，我們不拘泥任何禮節；我們只說事實，如同我們看到的。」——那麼世界上將不再有任何友誼、不再有任何丈夫、不再有任何妻子、不再有任何愛人。一切將會結束！

那就是為什麼我總是建議我的桑雅士，如果你們想要保持和某人之間的關係，最好不要住在一起，因為如果你們開始住在一起，你們能保持禮貌多久？你們能維持多久的禮儀？遲早真相會開始浮現。

就在幾天前，維蘇瑪娣想要和克理虛納普里姆住在一起。他們的關係維持了大約一年半。在這個社區裡，這是一段非常長的時間——幾乎不可能！——原因是他們沒有住在一起，所以他們只是偶爾見一次面。他們無法每天見面，因為維蘇瑪娣在和別人約會，而克理虛納普里姆也和其他人約會。所以只有偶爾一次，當他們可以保持一些隱私的時候，他們才見面——每周二到三次，每次只有幾個小時。所以那段愛情可以持續；它還沒變成一個婚姻。否則它很早就結束了！

但是當她想要住在一起時，我告訴味味克：味味克來找我：「維蘇瑪娣想要和克理虛納普里姆住在一起。」我說：「那是每個女人都想要的，也是每個女人如何摧毀那段關係的原因。而男人無法拒絕，因為如果他拒絕，那表示那段關係會立刻結束！但是，」我說：「如果她想要，那我們會做些安排。」

然而有一個機會——我問克理虛納普里姆。他證明了他相當的有智慧。他寫了一封信，告訴我：「奧修，你決定，因為我不知道什麼才是對的。我的慾望說：住在一起。但我是一個無意識的人——我不知道會發生什麼事。關於未來，我無法看得很遠，但是你可以，所以你決定。」

於是我決定他們分開住。

就在幾週前，拉哈和她的愛人阿米多去義大利玩，只是去四個禮拜。我立刻告訴味味克：「這段關係結束了！」我要她不要告訴任何人，因為至少讓他們享受最後四個禮拜，但是那段關係將會結束。在一起四個禮拜，而且是義大利…這段關係不會有任何希望、任何未來。

然後事情發生了。就在某一天，拉哈寫了一封信說她想和埃桑住一起。我知道事情一定會這樣，非常地確定，因為當你一天二十四小時住在一起，你必須把你的面具放到一邊。至少有些時候，當你睡著了，你必須把面具放到一邊；你真正的臉開始出現。然後一天、二天、三天，也許你還可以應付：你可以表現得友好、美麗、優雅，但是你能維持多久？一個人無法連續好幾天都一直在演戲；那會變得很累，它會開始無趣。然後一個人會開始說出真正的事實。

我完全可以了解心理學家的想法，如果我們決定要保持真實，完全地真實，只要二十四小時，世界上的每件事將會分崩離析。每段關係將會結束，因為真實就是真實，只有很少人能夠接受真實；他們已經很習慣謊言了。那就是為什麼八卦會一直到處流傳著，因為你必須在某個地方說出實話，否則那會變成你的負擔。你必須卸下你的負擔。所以當你對某人說了，你會感到如釋重負，你感覺好多了。而別人也可以對你卸下他的負擔，這會一直持續，每個人就像個心理醫師一樣的去幫助每個人。

在西方，心理醫師是需要的，東方不需要，原因是在東方，人們有足夠的時間去聽別人說話。在西方，沒有人有時間聽你說話——你必須付費。心理醫師什麼事都不用做；他全部的技巧就是假裝注意聽你說話。

有一個心理醫師去寵物店，他要買一隻不會說話的鸚鵡。店主感到困惑。他說：「你是第一個不要鸚鵡會說話的客人。每個人來都是要買會說話的鸚鵡！」

他說：「我已經對會說話的鸚鵡感到厭倦！」

店主說：「你有很多會說話的鸚鵡嗎？」

他說：「不，我有很多會說話的病人，但他們是鸚鵡。他們幾乎都在重覆同樣的事。每個丈夫都在談他的妻子，每個妻子都在談他的丈夫。每個家長都在談他的孩子，每個孩子都在談他的父母。我受夠了！我必須假裝我很注意聽，因為那就是他們付錢的原因——而且他們真的付很多錢。」

現在那是西方其中一個最好的職業，其中一個最賺錢的職業——不需要任何投資。你只需要一個躺椅：佛洛伊德發明的躺椅真的很棒，因為如果你一直面對你的病人，你會開始表現無聊，開始打哈欠。誰會在乎他們這些生活中無意義的事和垃圾？心理醫師必須聽很多病人說話，而故事幾乎都是一樣的。它一直都是一樣的，因為那是無意識頭腦的故事；它不會有太大不同。

有意識的人才有他的獨特性。一個佛絕對和另一個佛不一樣。如果你必須聽耶穌的故事，它將會和喬達摩佛的故事或老子的故事非常不同。他們是獨特的人。但是無意識的人，他們的故事是什麼？同樣的性慾、同樣的壓抑、同樣的貪婪、同樣的憤怒、同樣的恨、破壞、自我毀滅、佔有和嫉妒。故事幾乎一樣。只是人不同而已，但他們扮演的角色是相同的。同樣的三角關係——兩個女人和一個男人，或者兩個男人和一個女人——同樣的三角戀。一個人注定會感到厭倦。

佛洛伊德發明了本世紀其中一個最偉大的東西：躺椅。病人必須躺在躺椅上，治療者坐在他後面，這樣病人就看不到他的臉。治療者可以繼續抽煙、打哈欠、看書或塞住耳朵，這樣就不需要擔心這個人說了什麼——讓他去說。但是病人會感覺到很大的解脫。在一個小時的分析後，他離開了診所，他看起來是新鮮的、沒有負擔的、更年輕的、比較不緊張的、更放鬆的、鎮定的、冷靜的。他有很多不能告訴別人的蠢事，因為人們會以為他瘋了。而在診所，你已經被認為是瘋子，所以不會有問題！

這個心理醫師說：「我要一隻不會說話的鸚鵡。」

店主感到為難，因為他有各種鸚鵡，但是牠們都會說話；第一次有客人說他要不會說話的鸚鵡。但是他進去裡面，並拿出一隻不會說話的烏鴉。

心理醫師說：「這是鸚鵡嗎？」

他說：「是的，牠是一隻非洲鸚鵡。牠是一個黑鬼！牠不會說話是因為牠不懂英文。」

所以醫師說：「那太好了，」於是他把那隻烏鴉帶走。

幾個月後，某天早上，寵物店主在公園遇到那個心理醫師，他問了他：「最近如何？鸚鵡還好吧？」

心理醫師說：「你真的給了我一隻非常棒的鸚鵡。牠從未說過一句話，無論我說了什麼，牠都會注意地聽以致於我說了好幾個小時！我感覺非常地如釋重負，如此自由。我喜愛牠！我整天都在期待傍晚趕回家。」

「有很多人懷疑這不是一隻鸚鵡——我妻子說：「你這個笨蛋！這不是鸚鵡！」——但牠是不是鸚鵡並不重要。牠很注意聽，牠如此專注地聆聽！那是唯一重要的事，那是我唯一期待的能力！」

在東方，心理醫師還不是生活的一部分，我認為還需要很長的時間，才會使它成為生活的一部分，因為每個人的作用都像其他人的心理醫師。人們可以互相說話，並卸下他們的負擔。在西方，沒有時間。沒有人準備要聽你說話；你必須付錢給專業的聆聽者。

師父不是一個心理醫師，他是一面鏡子。他只是反映出你和你所有的負擔、緊張、憂慮、憤怒和你所有的問題、你所有的痛苦。自然地，你感覺到被冒犯。

有一個桑雅士寫信給我：「無論你說了什麼男人和女人之間的差別，都使我變得非常抗拒。」但是妳為什麼要抗拒？對男女之間的差異我能怎麼辦？玫瑰和金盞花就是不同。如果有人會抗拒，那表示她內在的世界中出了些錯；有些事被壓抑了，那個壓抑開始自己鬆開。也許妳一直攜帶著男人和女人並無不同的想法；也許那已經變成妳的刻板印象。有很多人認為男人和女人並無不同，他們還找了一千零一個理由來解釋為什麼他們並無不同：是心理學的制約使他們以為男女是不同的，否則他們並無不同。但男人和女人是不同的。心理學的制約可以減少他們的不同或加強他們的不同，但不同還是在那兒，基本的不同就在那兒，那些基本的不同不應該被忽略。

世界上出現了一種所謂的中性。這個桑雅士一定是相信中性的人。男人和女人幾乎穿一樣的衣服，試著看起來一樣。當然，如果在心理上，你已經受到了制約，你的生理也會受到制約，你的生理狀態會去配合心理狀態。

在東方，差別一直是被接受的，不只是接受，而且還加強它。這裡面有著很大的智慧，因為差別越大，彼此之間的吸引力就更強；如果他們變得相像，那個吸引力就會消失。在西方就是這樣：在人類歷史上，性第一次失去了它的吸引力。而一旦性失去了它的吸引力，你就處於一個迷失的狀況——要做什麼？要去哪兒？

性是自然的現象，它使你瞥見到靜心。你可以從性走向靜心，但是如果性失去了它的吸引力，靜心之門也會關上，因此你再也無法瞥見到靜心。只有在性高朝中，你才會融化、整合和消失。那些消失、溶解的片刻可以使你了解到永遠的溶解會是怎麼樣的感覺。那幾滴瓊漿玉液可以讓你想像到，佛陀在他的存在中攜帶著浩瀚的海洋。但是如果性失去了它的吸引力，那麼即使要嘗到那幾滴也變得不可能。而連一滴瓊漿玉液都沒嚐過的人又怎麼會想像到有任何海洋般經驗的可能性。對他而言，佛陀會像是虛構的故事。

試著了解我的方法。我要你們超越性——但是透過性來超越，而不是藉由對性毫不關心來超越，不是透過一個不成熟的方式來拋棄它。

東方一直強調男人和女人的差別，原因是東方知道高潮的經驗有著極大的價值。它讓你瞥見到靜心，你可以從那兒前進；它可以變成一塊跳板。但是在西方，性失去了它的吸引力，其中一個原因是那個差別已經沒有了。而且它也連帶影響到你的生理機能。

在東方，你會發現男人和女人生理上的顯著不同超過了西方。西方女人的胸部變得越來越平坦；她們的胸部變得越來越小。它們有可能在未來會完全消失！在東方你可以很明顯的觀察到，非常顯著的，東方女人的胸部比西方女人的胸部還大。臀部也一樣。西方女人的身材變得越來越沒有曲線；所有曲線都消失了。然後如果再穿一樣的衣服和褲子，那事情會變得更困難。

有時候，即使是我也會有些問題。每天晚上，慕克塔必須一直來看我寫的字，因為有很多次，她都必須校正我寫的字：「奧修，這是「swami」或「ma」，因為有很多次，她都必須校正我寫的字：「奧修，這是ma！那是swami！」我不認為以前有任何佛遇過這種問題。我一定是第一個遇到這種問題的，有時候感覺到茫然，有時則是完全地茫然。這時候沒有任何靈性上的洞見會有幫助！我必須依賴慕克塔：如果她也沒看到，那麼每天幾乎都會出現一次：ma會變成swami，swami會變成ma。

但是這個寫信給我的桑雅士：「無論何時你談到那個差別，我會有很大的抗拒…」那個抗拒一定是來自於男人和女人是平等的概念。我不是說他們不平等，我只是說他們不是相似的。永遠不要把平等和相似搞混。他們是完全平等的，但完全不相似的──而那正是他們的美。如果你有這樣錯誤的想法，以為平等就是相似，那你會感到抗拒。

我只是一面鏡子──不要對我生氣。當你對我生氣，有百分之九十的情況都是因為我把你裡面的膿擠了出來；我必須剝開你的傷口。你可能已經忘了它們，完全忘掉了；你可能開始以為它們不存在了。而我將必須再剝開它們，讓你看到實際的狀況，因為除非你知道你的狀況，否則你會動彈不得，你無法成長。你只能從你所在的狀況下開始改變。

然後會有百分之十的情況下，你會感到狂喜。不要以為是我帶給你那些狂喜——沒有人可以給你真理。我可以鼓勵你。我可以挑戰你。我可以邀請你，我可以誘惑你進入那個旅程，但是我無法把真理給你。你必須自己找到它；我只能顯示出你的臉。我只是一面鏡子，德本。

范範尼因為公事而來到了法國，然後他被帶到羅浮宮參觀。博物館館長帶著他到處看看，然後他們停在一幅畫前面。

「這是塞尚的畫？」范範尼問。

「不，」館長回答：「是雷諾的畫。」

他們走到另一幅畫前面，范範尼又再次發問：「皮薩羅的畫？」

「不，閣下，是竇加的畫。」

再走過去沒多久，他停下來說：「這是羅特列克的畫？」

「不，閣下，這是一面鏡子！」

我的桑雅士必須時時記住你在這兒是為了要找到你的本來面目，你真正的臉。師父不只會反映出你所謂的臉，他也會反映出你的本來面目。但是在一開始，他會先反映出你的面具，然後知道自己戴著的面具會使你感到受傷。你不只戴著一副面具，你戴了很多副面具——面具下還有面具。你必須像剝洋蔥一樣，然後那會使你感覺受到傷害。但是除非你找到你的本來面目，否則我所做的工作會是不完全的。神會認出你的本來面目，而不是任何人造的面具，無論它多麼美麗。

在一個美麗的、炎熱的夏季日子，三個劍橋大學教授在河邊散步著。他們走到一個僻靜的地方，因為禁不起誘惑，他們脱光衣服到了水裡泡著。

不幸地，當他們起身時，一艘載滿女研究生的船剛好經過，驚嚇之下，其中兩個教授抓了些衣服遮住他們下體，而第三個教授則遮住他的臉。當女孩們離去後，那兩個教授轉過頭對第三個教授説：「你剛剛在做什麼？」

他回答：「在我的家鄉，我們認人都是認他的臉！」

神會依你的本來面目而認出你；不是其他別的東西。不是文憑、名譽、金錢、權力和聲望，不是其他有的沒的，而是你的本來面目；那時，你將必須赤裸裸地站在祂面前。

師父只是代表人世間的神。你必須完全赤裸地站在師父面前，只有那時候你才能面對你的神。如果你能面對你的師父，你將能面對你的神。

第三個問題：

奧修，靜心是為了什麼？

阿姆利多，什麼，又來了？有一天我在談靜心。你那時在哪兒？——一定是睡過頭了！事實上，無論何時我在談論靜心，你們裡面有很多人都會睡著——你們以為你們進入了靜心。你們只有在我講笑話的時候才會醒來！那時候我看不到有任何人在睡覺。阿姆利多，靜心是塔特家族的一個成員。

在一個教堂裡的佈告欄寫著：

「你知道你們的教區裡面有多少塔特家族的成員嗎？有一個想要負責每件事的老迪克塔特，還有一個想要改變每件事的羅塔特叔叔。然後是他們的妹妹安祺塔特，在他的丈夫艾利塔特的幫忙下，惹了很多麻煩。」

「無論何時有新案子要推動，海西塔特和他的妻子薇格塔特都想延後到明年。另外有一個艾米塔特阿姨，她想要我們的教會和別人的一樣。德瓦塔特想為世界末日發聲，而波頓塔特想要當個大人物。」

「但不是所有的家族成員都是糟糕的。哥哥法西塔特對教會的事務相當盡心盡力。還有一位快樂的、可愛的家族成員菲莉塔特小姐。堂兄弟寇格塔特和梅力塔特總是仔細考慮每件事，並給予很大的幫助。」

「當然，還有家族的害群之馬安普塔特，已經自行斷絕和教會的來往了。」

第四個問題：

奧修，我想知道是否有什麼我必須要嚴肅看待的事？

阿圖優，除了我的笑話之外，不要對其他事嚴肅。但關於笑話，我不是開玩笑的！

由於來自於一個小村莊，吉歐凡尼這輩子從未搭過火車。於是有一天他決定去試試。他站在軌道上，聽見火車的汽笛聲，「嘟—嘟！」在他知道被什麼撞到之前，火車已經經過，並把他撞離軌道。他最後記得的一件事是他飛在天空中。

當他醒過來，他發現自己躺在醫院好幾個月了。在這段時間，他的妻子用他們的意外險理賠金在市區裡買了一層裝潢很棒的新房子。

當他完全康復後，吉歐凡尼回去他的新家。他的妻子買了蛋糕慶祝他的康復，並在爐子上放了新茶壺煮著咖啡，以便和蛋糕一起享用。當水開了，水壺發出煮開的聲音，「嘟—嘟！」吉歐凡尼嚇到了，他跳了起來，衝到廚房抓起新水壺砸到地板上，踢了它好幾下。

「你到底在做什麼？」他妻子大喊著。

「這些東西！」吉歐凡尼叫著：「妳得在它們還年輕的時候就宰了它們！」

阿圖優，在一開始你就問了這個問題是好的：「我想知道是否有什麼我必須要嚴肅看待的事。」

只需要嚴肅看待笑話；至於其他所有事，打從一開始，要注意，不要嚴肅。無論我說了什麼，所有的經典都得忘掉。你必須原諒我談論這些經典。只要記得我和笑話，但是要嚴肅的看待它們。它們會對你有很大的幫助。

一個醉漢獨自坐在酒吧看著一個穿著體面的花花公子穿梭在每個女人之間。最後他走向那個男人：「嘿，先生，你如何和每個女人說到話的？」

「喔，」男人說：「我想到一個特別的方法。它每次都有用！」

然後他們等著一個體型豐滿的紅髮女人經過。

「用羽毛搔妳屁股癢？（tickle your ass with a feather）」花花公子小聲說。

那女人猛然轉過身來：「什麼！你剛對我說什麼？」她怒罵著。

「天氣很好（Particularly nice weather）」男人冷靜的回答：「妳要跟我們喝一杯嗎？」女人坐了下來，在她離開之前，男人要到她的電話並和她約了下次見面。

然後一個美麗的褐髮女人經過。再次地，男人說：「用羽毛搔妳屁股癢？」

「你剛說什麼！」那位女士大喊。

「天氣很好。」男人柔情的回答。

像是中了魔法一樣，那位女士加入了他們。當她離開後，花花公子說：「這樣你知道為什麼有效了吧？」

「耶，我知道了，」醉漢流著口水說。

「現在你試一試下個女人，」花花公子說。

於是，當一個美麗的金髮女人走了進來，醉漢鼓起勇氣大吼：「嘿，女士，在妳的屁眼裡插一根羽毛？（stick a feather up your ass?）」

「什麼！」她生氣的大喊：「你說什麼？」

「插得很好，不是嗎？（Pretty fuckin' nice out, ain't it?）」醉漢回答。

我知道你完全處於一個喝醉的狀態。你裡面的每件事都是顛倒的，每件事都是一團混亂。你不知道你在做什麼，你為什麼要這樣做。從一開始你就不知道你為什麼在這兒！但我很清楚我為什麼在這兒，我在做什麼。我在試著把你叫醒——你睡得很熟。

只要對一件事非常嚴肅，那就是越來越警覺到你的昏睡。我在這兒所有的努力，談論經典或說笑話，都只不過是用來喚醒你的手段。有時候一個笑話可以比一本經典更容易喚醒你，因為聽我談論一本嚴肅的經典，你會傾向進入夢鄉；它如此的嚴肅以致你無法被它喚醒。但一個笑話是如此的令人放鬆以致於你不想錯過它；你會注意聽。

在這些笑話之間，我不斷丟一些危險的東西到你的頭腦中——只是些小小的炸彈，在笑話之間！只要記得嚴肅地看待笑話，還有你留下來給我的；和我留下

第八章
此時此地

第一個問題：

奧修，我是一個法官。我有可能達到涅槃嗎？如果你的答案是不可能，那我可以改變我的職業；我可以當一個醫生。我同時也是一個使用順勢療法的醫生。

賈吉特辛格，沒有任何法官達到過涅槃。只是為了你，讓我整晚得再查一次阿卡西記錄！我只在它們裡面發現一件事：

撒旦和聖彼得決定在天堂舉辦一個足球賽。比賽隊伍是地獄隊和天堂隊。當每件事都安排好了，聖彼得對撒旦說：「聽著，我必須向你坦白。你們不可能有機會獲勝。所有足球員都是天真、純淨的人，當他們死去，他們都會上天堂。天堂充滿了足球員。」

「感謝你的誠實，」撒旦回答：「但不用擔心，我們有辦法對付你們。」

當聖彼得離開後，撒旦的秘書說：「聖彼得是對的——我們會輸掉比賽。所有好的足球員都上了天堂。」

「不用擔心，」撒旦說：「你以為法官死後都去了哪兒？」

賈吉特辛格，你把法官的職業換成醫生也不會對你有幫助！關於這點，阿卡西記錄也提供了一個參考。

有一個醫生來到天堂門前。聖彼得看著這個傢伙，問了他的職業並說：「孩子，你走錯門了。請到地獄那兒。」

醫生很為難，他看起來很困惑的說：「但是我剛剛去過地獄了，他們說：去另一道門。」

「我知道，」聖彼得說：「他們的意思是後門。」

「什麼意思？」醫生問。

聖彼得說：「那是供應商的入口。」

這不會有幫助，賈吉特辛格。你為什麼不成為一個桑雅士？那就沒有擔心涅槃的必要，因為你會立刻達到涅槃。然後那就不會是一個明天的問題。你可以看看我的桑雅士。沒有人擔心涅槃——他們已經涅槃了。成為一個桑雅士表示進入涅槃。一個桑雅士不需要進入任何涅槃；是涅槃會進入他們。所以無論他在哪兒，涅槃都會在那兒。你可以把他丟到地獄，但是他仍會處於涅槃；那不會造成任何差別。如果你的涅槃需要依賴某些條件，那就完全不是涅槃。

涅槃是一種無條件接受的狀態。無論你在哪兒，如果你可以全然的接受你的生命、喜悅的接受你的生命，感激的接受你的生命，如果你可以把你的生命視為一個禮物，那要達到涅槃就沒問題。只有在你不接受生命時、你拒絕生命時，問題才會出現。當你拒絕此岸的那一片刻起，你就會開始尋找彼岸，然後你會擔心它會比此岸好或不好。它可能會更糟。這就是地獄的意思：害怕比這一世更糟。而涅槃就是：貪求比這一世更好。但是並沒有彼岸；沒有地獄、沒有天堂。只有笨蛋會對這些事有興趣。

但是印度人攜帶著一種地理上的概念，認為天堂在上面的某個地方，地獄在下面的某個地方。事實上，並沒有上面和下面的問題。存在是沒有限制的，沒有界線的；也沒有頂部和底部。有些東西會在佛陀廳上——例如，一架經過的飛機；這是在天花板的「上方」。你在天花板的下方，而地板、地上則是在你的下方，大地則是在地板的下方。但存在沒有頂部，沒有底部；它是無邊無際的。

印度人的經典中談論的地獄只是在談論美國！如果你在你所在的位置挖洞，

如果你一直挖，你會到達美國，因為地球是圓的。但美國人的思考方式也一樣，他們以為地獄在下面。如果他們往洞裡面看，你就在地獄裡。你會以為是他們在地獄，他們則會以為是你在地獄。只有我的桑雅士會對整件事大笑。誰在上面，誰在下面？

這些天堂和地獄的概念和地理或空間無關，它們也和時間無關。所以它不是一個明天的問題，不是一個死後的問題；它是一個去了解的問題，它是一個靜心的問題，它是一個完全寧靜的問題，處於此時此地。除了此地之外，沒有其他的空間，除了此時之外，沒有其他的時間。這兩個字包含了整個存在：「此時」，「此地」。

斯瓦米拉瑪提爾莎曾經說過一個美麗的寓言：

有一個偉大的哲學家；他是一個完全的無神論者，常常談著反對神的言論。一天二十四小時中，他關心的只是如何摧毀神的概念。無論出現什麼言論，他都會試著去說服對方。

在他客廳的牆壁上，他寫著很大的字：「神不存在（nowhere）」，只是為了準備要和任何人辯論。無論訪客是誰，都一定會問他：「這句話是什麼意思？」不可能忽略那句話——如此大且粗黑的字。整個牆壁都是那些大字：「神不存在。」每個來到的人都會問：「神不存在，這是什麼意思？你是無神論者嗎？」那就足以開始辯論了。而他的辯論技巧也確實很好。

就辯論而言，無神論者的技巧總是比有神論者還要好。有神論者是有信仰的人；他們是容易被騙的人。無神論者則只相信邏輯，而邏輯只知道如何否定。邏輯不知道如何說是。「是」這個字不存在於邏輯學家的頭腦，邏輯學家的頭腦只存在「不」這個字。

然後有個小孩出生在這個無神論者的家裡，這個小孩在學說話。對他而言，很難去念「不存在」這個字；它是如此的巨大。有一天，他試著念：「神不存在。」看著這個字如此的巨大，他把它分為兩個字；他這樣念：「神在此時此地（now here）。」「不存在」變成了「存在」！他一定待過某個美麗的空間，處在某個寧靜的空間；哲學家感到驚訝，他開始思考此時和此地，他開始對此時和此地感興趣。「此時是什麼？它是什麼意思？」他從未經驗過此時，他從未經驗過此地。

那正是世界上數百萬人的狀況：他們思考昨天和明天；但是他們從未經驗過此時。他們思考過每個地方；但是他們從未思考過什麼是此地、從未經驗過什麼是此地、從未嚐到過什麼是此地。

這個小孩開啓了某個生命偉大的神祕之門。他使得哲學家忘了神，他使得哲學家忘記要去反對神；他使得哲學家所有的興趣開始環繞在此時和此地。

只有一個方式可以知道什麼是此時，什麼是此地，那就是靜心。一個人必須變得全然地寧靜，因為頭腦總是要向前或向後；它移向記憶，不然就是移向想像。它從未停留在此地，它從未停留在此時，原因是停留在此時表示頭腦的死亡。它害怕此時，它害怕當下。

慢慢地、慢慢地，他開始學習如何處於此時此地。然後有一天，當他處在此時此地，他經驗到了神。

賈吉特辛格，我給你的建議是忘掉涅槃。涅槃表示某一件在這一世之後才發生的事——不用關心它。而是去關心這個片刻，因為這是唯一真實的片刻，並且進入它。那個進入就是進入涅槃。一旦你找到它，就沒人可以從你這兒拿走它。

然後你可以仍然是一個法官，你可以是一個醫生，你可以是任何你想要的；那是無關緊要的。

有一個美麗的中國寓言：

老子常派他的弟子去一個屠夫那兒學習靜心的技巧。弟子們感到困惑——為什麼是屠夫？老子說：「你們去那兒看看。那個人的生活方式正是一個人應該有的，總是處於此時此地。那和他做什麼沒有關係。他完全不是一個做者；他只是一個觀察者，他是一個觀照。那是他扮演的角色——他在扮演一個屠夫。」

他也不是一個普通的屠夫；他是中國皇帝特別指定到御膳房工作的人。

皇帝曾經問老子：「如何學習待在此時此地？——因為你總是在談論此時此地。」

老子說：「你不需要問我；你的屠夫就是正確的人。即使是我，也派過很多弟子去觀察他。」

皇帝感到震驚。他說：「我的屠夫！他懂什麼？」

老子說：「你去觀察他工作。」

皇帝去看了。即使只是看他工作也是一個非常令人狂喜的經驗，他的工具，他的刀，如此的銳利，如此的閃亮，彷彿是新的，彷彿他第一次用它。

皇帝問——他對武器很有興趣——他問：「你從哪兒拿到這麼美麗的刀？」

他說：「這把刀是我父親給我的，他在四十年前死去。這四十年來，我一直用這把刀工作，用這把刀宰殺動物。」

「四十年！」皇帝說：「這把刀看起來還是這麼的嶄新！」

屠夫說：「這有一個技巧。如果你非常警覺地、注意地、有意識的，刀就不會生鏽——不只是你裡面，不只是內在，連外在也不會生鏽。我是新的，我的刀是新的。我是年輕的，我的刀是年輕的。我的工作就是在靜心。那只是我扮演的一個角色。」

有一個禪宗師父常對弟子說一個有著高超偷竊技巧的賊如何開悟的故事……

所以不用擔心要成為一個法官或一個醫生——即使是一個賊也能開悟。問題不是在於你做什麼，而是你如何做。問題不在於行為，而是那些行為來自於什麼樣的意識。

這是其中一個著名的禪宗故事。我非常喜愛它。

這個賊是一個偷竊大師——不是一般的賊。即使是皇帝也尊敬他，因為他這輩子從未被抓過。每個人都知道他是這個國家最厲害的賊。事實上，他的名聲是如此響亮以致於人們會自誇：「昨晚偷竊大師光顧了我家，」或者「我家的財寶被偷竊大師偷了。」那是一個殊榮，因為偷竊大師的光顧表示你非常富有，因為他不會去一般人的家裡，只有皇帝和非常富有的人擁有被偷竊大師光顧的殊榮。

那個賊變得很老。他的孩子對他說：「現在你老了，很快你就會死去。把你的技巧教給我！」

偷竊大師說：「我也在考慮。但它不是一個技巧，它是一個訣竅。我無法教你，它無法被教，但是它可以被了解。」

那就是宗教：它無法被教導，它只能被了解。那就是老師和師父的差別：老師只會教它，而師父只是讓它被了解。你必須吸收它的精神。如果你只是聽他說的話，你會錯過他；如果你開始喝他的酒，只有那時候你才能了解他。

那個賊說：「那是一個訣竅；如果你可以了解它，我會準備好幫助你，我會隨時有空。我自己也覺得奇怪，但它是一個偉大的技巧——就像詩人一樣，真正的賊是天生的，不是後天培養的。但是如果沒試過，一個人永遠不會知道。你今晚跟我出去。」

於是兒子跟著父親。兒子還很年輕，健康，非常強壯。老人則是真的很老，超過八十歲。老人到了一間富麗的房子外。他弄破了牆，移開磚塊——但都是老人在做！年輕人只是在看，站在那兒發著抖。那是一個寒冷的夜晚，年輕人全身出汗發抖。他如此的害怕：他看著周圍——可能會有人來。「我的父親是什麼樣的人啊？他如此安靜的做著每件事，如此優雅的，彷彿這是我們自己的房子！不急不徐的，不擔心的。」

老人甚至完全沒察看周圍的狀況。他進了房子，對孩子招了手要他跟著。他發著抖跟著，流著汗的，他全身就像浸泡在汗裡面；汗就像水一樣的流下。即使在夏天，他也從未流過這麼多汗——而且那是一個寒冷的夜晚，冰一樣的冷！老人在房子裡面移動，在黑暗中，彷彿他住在那兒。他完全沒被任何東西絆倒。

他到了房子裡面，打開最裡面的房間。然後他打開一個櫃子，叫他孩子進入櫃子裡。孩子進去之後…接下來父親做的事是他的孩子無法相信的。父親把櫃子鎖了起來——孩子還在裡面！——父親大叫：「有小偷！有小偷！」然後逃走。

整間房子的人都被吵醒，鄰居也被吵醒。人們從各處趕來；他們在察看整間房子。你可以想像孩子的情況！他想：「完了。結束了！我的父親是瘋子！我不應該問他的——這不適合我。他說小偷是天生的，而不是後天培養的，他是對的。但這種教導的方式是正確的嗎？如果我能活下來，我要殺了那個老傢伙！我回家會立刻砍了他的頭！」

他非常憤怒——任何人處於他的情況都會很憤怒——但是生氣沒有幫助。現在得做點事，但是他無法思考。頭腦完全停止了運作。

那就是靜心的意思：頭腦停止了。它無法了解這是為了什麼，要做什麼。因為所有它知道的都是沒有用的；它以前從未遇到這種情況。而頭腦只能在已知的世界裡不斷的移動。一旦它遇到任何未知的事，頭腦就停止了。它是一部機器。如果你從未輸入正確的資訊到它裡面，它就無法運作，它會無法工作。

現在這個情況是第一次遇到，年輕人無法想像該做什麼。什麼都沒辦法做。然後有一個女僕拿著蠟燭走到附近察看小偷的蹤跡。確實有一個小偷進了房子：牆被破壞了，門被打開了——所有門都被打開了。小偷也進到最裡面的房間——他一定是躲在某個地方。

她打開櫃子察看——也許小偷躲在裡面。她本來沒有要打開櫃子，但櫃子裡面發生一些事，所以她要打開它。她聽到一些聲音，一些搔刮的聲音，好像有老鼠在咬衣服。她打開門去看是否有老鼠。那個搔刮的聲音是年輕人弄出來的。他不自覺地弄出搔刮的聲音，那不是來自頭腦的。看到某個人拿著蠟燭過來……他可以看到有人在房間裡面，他可以聽見腳步聲，他可以看見外面的光；房間突然不再是那麼暗。唯一把門打開的方式就是得做些事。要做什麼？出乎意料的，直覺地——這不是出於智力，而是直覺——他開始像老鼠一樣搔刮，然後門被打開了，那個女人拿著蠟燭往櫃子裡面看。再次地，出於直覺地，出乎意料地，他吹熄了蠟燭，把女人推開並跑掉。

人們跟來了——幾乎有十幾個人拿著火把和燈跟著他——可以確定他會被逮到。突然間，他看到一個井。他拿了一顆石頭並丟到井裡面，然後躲在一棵樹下看看會發生什麼事。一切都發生了，但不是他在做這些事。所有人圍著井邊——

他們以為小偷跳到井裡面。「現在沒必要在這個寒冷的晚上擔心他了。我們可以早上再過來察看。如果他還活著，我們可以把他送進監獄；如果他死了，那他已經得到懲罰了。」於是他們都回去了。

年輕人到了家。父親熟睡著，打著鼾。他拉開他蓋著的毯子說：「你瘋了嗎？」

父親看著他，微笑著說：「所以你回來了——那就夠了！不需要再說整個故事了。你是一個天生的小偷！從明天起你開始靠自己。你已經抓到它的精神了。我沒有瘋——我是孤注一擲。你不是被抓到就是可以逃走，你逃了出來證明你擁有直覺的洞見。不需要在晚上這個時候打擾我了。去睡吧。到了早上，如果你想告訴我，你可以告訴我。但是我知道發生了什麼——就算不清楚細節，也知道了重要部分，那就夠了。那是我全部的技巧，我的孩子；你已經學到了。如果我明天死了，我會快樂的死去，因為我會知道我要離開的那個人已經知道那個技巧了。這就是我父親告訴我的——這是唯一的方式。一個人必須冒險。」

即使一個小偷也可以開悟。即使一個小偷也可以活在當下，可以拋棄頭腦。

所以我不是很關心你的職業。那就是為什麼我從未問任何人：「你從事什麼職業？你在做什麼工作？」任何來找我點化的人，我的點化和他的職業無關。有時候，人們會自己說：「奧修，在你點化我之前，讓我告訴你，我是一個醉漢，」「我是一個小偷，」「我是殺人犯」——這個和那個——「我剛出獄。」我對他們說：「不需要用這些事來打擾我。當你在熟睡中，無論你做了什麼都是一樣的。無論你曾經是個聖人或惡魔的化身，無論你曾經是貞潔的或有罪的，那都無關緊要。」

無意識的行為就是無意識的行為；它們都是一樣的。一個人可以夢想他是罪人，一個殺人犯；另一個人可以夢想他是個偉大的聖人。到了早上，兩者都會發現他們是在做夢——所有的夢都是一樣的。所以不要打擾我。

不只如此，有些人成為桑雅士，但是因為他們被監獄囚禁，他們寫信給我：「我們被判終身監禁。我們還可以成為桑雅士嗎？」我說：「為什麼不行？——因為每個人都被判終身監禁！有些人受到外在的束縛，有些人則受到內在的束縛；那都是一樣的。你待在一個較小的監獄，別人待在一個較大的監獄；那都無所謂。但是如果你想成為桑雅士，你唯一要學習的事是處於此時此地的訣竅。你可以成為一個桑雅士。」

有很多囚犯成為桑雅士，來自各個國家。我讓他們成為桑雅士。當然，他們無法穿橘色衣服；他們寫信給我：「那是不可能的，因為監獄的規定；我們必須有特定的穿著。」我說：「不用擔心衣服。」

有一個來自德國的犯人寫信給我：「我會帶一條橘色的手帕；那是允許的。我會把放著你照片的項鍊放在我的口袋。我無法戴著它——那是不允許的。」但是我可以了解；那沒有問題。他寫說：「但是我會每天靜心。」他一直在靜心；這兩年來，他一直有固定的在靜心，並一再地寫信給我：「我感覺非常快樂。事實上，我感覺能被關起來是一個很大的祝福；如果我沒被關起來，我可能不會成為你的桑雅士。因為我是在監獄的圖書館裡看到一本你的書。」

現在監獄變成了他進入涅槃的門。

賈吉特辛格，不用擔心。不用關心那些阿卡西記錄和我告訴你的故事。不需要改變你的職業。如果你想改變，不需要找任何藉口，你可以改變。你可以當一個醫生，你可以做任何你想要做的，但是不要把它變成好像是一件很偉大的事，不要把它變成一個自我的旅行。但是要開始靜心。

如果你可以成為桑雅士，你將會證明你是一個有勇氣的人。那麼現在你將會處於涅槃。而我相信當下的涅槃，否則就永遠不會有機會！

第二個問題：

奥修，你教我們不要相信任何事。但是如果我不相信生命沒有自我會更好，我又如何能拋棄自我？在我拋棄自我之前，我不知道沒有自我的生活會怎麼樣。因此在我試著拋棄自我之前，我必須相信生活沒有自我會更好。但是我並不相信，因為我認為沒有自我的生活就是沒有我的意志的生活。這個放棄我的意志的想法對我而言很可怕。我無法想像任何人會出於他自己的自由意志而這樣做，因為我的自我就是我全部所擁有的。奥修，請對我們談談這個問題。

伯恩史偉格，常會發生這種事，我說了一件事，你理解成另一件事，原因是我從沒有頭腦的狀態來談論，而你是從頭腦的狀態來聽。就好像一個醒著的人對另一個睡著的人說話一樣。是的，即使在熟睡中，你也能聽見一些話，一些片段，也許甚至是某個句子的部分，但是你將無法真的了解我對你說了什麼。你一定會誤解。

關於那個已超越的，這是所有人會遇到的其中一個問題。無法用文字形容那個已超越的。它仍然是無法表達的，原因是你只能了解你經驗過的事。

我不是說要拋棄自我；那是不可能的。即使你想要拋棄，你也做不到。不可能的原因是因為自我並不存在。你要如何拋棄不存在的東西？你只能拋棄某些從一開始就存在的東西。但自我是一個虛假的現象；沒有人能夠拋棄它。

那麼當我說學習成為沒有自我的秘密，我是什麼意思？我的意思不是你必須拋棄它，而是你必須了解它。不會有相不相信的問題。

現在這個問題是來自你的誤解，但是你使它看起來很邏輯，以致於任何看到你的問題的人會想：「當然，如果你不相信生活沒有自我會更好，你要如何拋棄自我？」而我說過不要相信任何事。我要再重覆一次：不要相信任何事。我不是說你應該相信我，變成無自我的，我只是說——分享我自己的經驗——我越試著了解自我，我就越覺知到它是不存在的。當我完全覺知到它，它就消失了。

它會自行消失。你不能拋棄它。如果你拋棄它，那是誰來拋棄它？那麼自我會活下來；那會是這個自我拋棄另一個自我，拋棄另一個粗糙的自我。粗糙的自我不會帶來危險，精微的自我才是更危險的。然後你會變成一個虔誠的自我主義者，你會變成一個靈性的自我主義者。你會變成一個無自我的自我主義者。而那會惹來更多麻煩，因為那會進入更多的矛盾裡面。

所有我對你說的是非常單純的。試著了解什麼是自我。只要看著它，觀察它。越來越覺知到它所有精微的方式，它是如何進入的。還有一些它不在的片刻——也觀察那些片刻。即使是你們，也會有些它不在那兒的片刻。它需要不斷的踩著踏板——就像一輛腳踏車。如果你一直踩著踏板，它可以繼續行進；如果你停止踩踏板…它還能前進多遠？也許幾呎，也許一英哩或二英哩，但是最後它一定會停下來。

自我需要不斷的被給予養分。有些片刻，你忘了給它養分，然後它消失了。例如，看到一個美麗的日落，它消失了，因為日落全然的佔據了你。它是如此美，如此非凡，如此精緻，它使你對它充滿了驚奇和敬畏；有一個片刻，你完全忘記你是誰，只有日落存在，還有雲朵和它發光的色彩，鳥兒回到牠們的窩，然後白天結束了，進入一個寧靜的夜晚；當太陽從地平線上開始消失，你裡面的某些東西停止了。

拉瑪克理虛納曾經發生過——他的第一次無自我經驗。他只有十三歲。他走在田野的路上，準備回家——他是一個窮人的小孩，他住在一個小村莊。他經過了湖邊。一個寧靜的夜晚，日落，湖邊一個人都沒有；他來到湖邊…有一大群白鶴坐在湖邊。牠們突然飛了起來——如此的突然，出乎意料地——在黑雲後映襯著天鵝絨般的光澤，對照著日落，那些白鶴成群地快速飛過，就像閃電一樣。那是一個片刻，一個無與倫比的片刻！

他昏倒在地上。他被這樣如此的美佔據著，以致於他變成無意識的。必須有人攙扶他回家。一個小時後，某個人發現他躺在湖岸邊。等了六個小時，他的意識才逐漸清醒。當他清醒後，他開始哭泣。他們問他：「你為什麼要哭？你應該快樂——你神智清醒了。」

他說：「不，我哭是因為我回到平凡的世界了。我是無意識的。我曾經去到更高的意識層次，我曾經去到一個新的層次。我不知道它是什麼，但是我不在那兒，然而仍然有著極大的喜悅。我從未嚐到這樣的喜悅！」

那是他的第一個經驗，他的第一個三托歷：一個無自我的片刻。然後他開始刻意地、有意識地去找尋。他會在早上、傍晚或夜裡不斷地去湖邊，然後那個情況開始越來越容易發生。

這也會發生在你們身上；它會發生在每個人身上。神會去拜訪每個人。你可能忘了祂；但是祂從未忘記過你——祂無法忘記。不只是你在尋找祂，祂也暗中在探索著你，祂也在尋找你。

我不是要你拋棄自我，我是要你了解它，看著它。看著它，它就會消失。觀看和覺知那些它自行消失的片刻。在做愛中，它消失了。在一個深深的高潮中，它消失了；你融化了，進入到存在裡面。波浪再度變成海洋；它不再是分開的，它再度跌落到海洋。它只有一瞬間。對那個瞬間保持有意識的，然後你會看到它的美。一旦你看到無自我的片刻之美，那你就能很容易看見自我的醜陋，自我的痛苦。

你不需要相信我。我只是邀請你去經驗它。我是完全反對信仰的——信仰是摧毀地球上所有宗教的原因。是因為信仰使宗教變成虛假的。

現在再聽一次你的問題，史偉格。

你說：奧修，你教我們不要相信任何事。

完全正確。

然後你說：「但是我為什麼要試著拋棄自我…？」

誰這樣說的？你可能聽過別人這樣說過，我可以理解，但是我沒這樣說過。

一個年輕人去尋求一個性治療師的建議。「啊，是的，」治療師說：「早洩是很多年輕人常遇到的問題。那是因為太興奮了，而它確實有解藥。」

「那是什麼，醫生？」年輕人問。

「下一次你和女人上床前，想像你在美食餐廳中吃一頓美味可口的大餐。想像那頓大餐的一切，從湯到咖啡。」

「從湯開始…想像碗裡散發著熱氣…嚐嚐每一口。然後，點杯酒，也許一杯紅酒…聞一下酒的味道，一次喝一小口，看著它的泡泡。想像主菜…也許是蘑菇牛排，上面有烤過的馬鈴薯，還有酸奶酪、細香蔥和新鮮的青菜沙拉。慢慢的吃，品嚐每一口。在主菜之後，來份甜點…也許一個巧克力慕斯或一個塗著生奶油的胡桃派。然後…你準備好咖啡…巴西咖啡、法式烘焙咖啡，或者也許是卡布奇諾。然後你可以放鬆，並感受那個享受了一頓非常棒的大餐的滿足感。」

「當你在想像中享受到全部的招待之後，你的問題將會消失。你將會有一個無比的高潮，無比的滿足——同時發生的！」

年輕人感謝了治療師後離去，雀躍地。當晚，當他和女友上床前，他們開始做愛。於是他開始想像。他在腦海中幻想出餐廳，他坐在桌子旁，並大喊：「嘿，服務生，我們要番茄湯…和一杯咖啡！」

你可能有聽過別人這樣說過，但是我沒有說過這種話！

你說：在我拋棄自我之前，我不知道沒有自我的生活會怎麼樣。

你已經經驗過很多次了。沒有人這麼可憐…我從未遇過一個完全沒經驗過的人。只要試著記住。或者從現在起，如果你無法記住，只要試著每天觀察。很快你就能看到幾個有自我和沒自我的片刻。即便是這個片刻，如果你不是很關心你的問題，這個片刻也能夠沒有自我；對每個人都一樣。但是你可能沒辦法，因為我摧毀了你的邏輯問題使你受到很大的打擾，我避開了真正的問題、我試著逃避它、我不是邏輯的，你受到了很大的打擾。我從來就不是邏輯的，因為我試著要表達的事，基本上是超邏輯的。

如果你試著聽我說話，就好像這不是史偉格的問題，而是某個笨蛋的——某個傻瓜問了這個問題，而不是你——那麼即使在這個片刻，也能有一個無與倫比的美，然後你將能經驗到無自我。然後你就能比較。只有透過你自己的經驗和比較，你才有可能做出決定。我憑什麼替你決定？我從不為任何人做決定。

第三個問題：

奧修，我要回去西方了。請告訴我一些關於治療師的笑話。

普里姆艾力，

（這個時候突然停電，佛陀廳的燈光滅了。）

現在是晚上了…你們都看到奇蹟是怎麼發生的！

一個治療師走在街上，有個女人捧著一個裝滿花的籃子來到他面前說：「你想買些花嗎？先生？」

「不，謝謝。」

「但是你不想帶些花回去給你愛的女人嗎？」

「請別這樣！女士。我已經結婚了！」

一個年老的治療師去拜訪另一個治療師。「朋友，」他說：「我有一個問題。我已經八十歲了，但是我仍然在追求年輕的女孩子。」

「喔，你的情況很常見。這常發生在你這個年紀，」另一個心理醫生回答。

「但是，你知道的，我會忘記我為什麼要追求她們！」

一個心理醫生一邊看著書一邊笑了出來。

「你笑什麼？」他妻子問。

「噢，沒什麼，親愛的。我只是喜歡對自己說笑話，而最後一個笑話是第一次看到！」

最後一個：

一個非常老的心理醫師去召妓。雙方說好了價錢，然後老人開始脫自己的衣服。他脫掉外套，領帶和襯衫，並把它們扔出窗外。當他手上拿著褲子，準備要丟出窗外時，妓女抓住他的手說：「你為什麼要這樣做？當我們結束後，你不能不穿衣服在街上走！」

「喔，」老醫生回答：「親愛的，妳能了解的，當我再來的時候，這些衣服就不流行了！」

第四個問題：

奧修，先來個笑話。

兩個瘋子走進一間酒吧，當他們找位子坐的時候，他們看到對面牆上有一面很大的鏡子。其中一個瘋子對另一個瘋子說：「嘿，看看那兩個傢伙。他們看起來和我們好像。讓我們過去打聲招呼。」

然而當他們開始走過去時，另一個瘋子說：「不用擔心，他們已經要過來了！」

這個笑話說出我從兩個月前開始工作以來的感受。我越靠近你，我就越靠近自己，反之亦然。然而當我靠近你時，有時候我會感覺到很大的恐懼。我是因為太害

怕愛嗎?請評論。

普里姆拉杰卓,愛確實會創造出很大的恐懼,因為我們都是被恨所養育長大,不是被愛。我們所有的制約就是反對愛,但是那個策略非常的精微,很少人可以覺知到我們是被恨所養育長大的。印度教恨回教,回教恨基督教,基督教恨猶太教。宗教都在彼此憎恨。有神論者憎恨無神論者,無神論者憎恨有神論者。所有的政治思想都根基於憎恨。共產主義者憎恨法西斯主義者,法西斯主義者憎恨社會主義者。所有國家都根植於恨;他們互相憎恨。這個世界充滿了恨。你的血、你的骨頭、你的骨髓裡都充滿了恨。即使有時候你似乎是整合的,你也是整合的去反對某件事,反對共同的敵人,不會是別的。不會是愛的整合。

希特勒知道這是人的心理。他在自傳中說:人因為愛而無法團結——愛沒有力量,所有的力量來自於恨。創造出恨,他們就能團結。我可以了解他的洞見。他可能曾經是個瘋子,但是瘋子有時候會有些偉大的洞見。這是一個關於群眾心理的偉大洞見。

他在別的地方說過:「如果你想要你的國家隨時準備好,處於警戒中的,那就隨時使他們充滿恐懼,使他們以為將會被攻擊,已經快要發生戰爭了,每個包圍你國家的人都是你的敵人。他們是不是敵人並不重要；如果他們是，那很好；如果他們不是，無所謂，讓他們是，散播他們就是敵人的資訊，只有那個時候，你的國家才會團結。」

如果對回教徒的恐懼存在，印度教徒就會團結。如果回教徒害怕印度教徒要來攻擊他們，那他們就會團結起來。如果印度害怕巴基斯坦已經準備要發動戰爭，那印度人就會團結。俄國一直在累積越來越多的原子彈、氫彈和有的沒的，只是因為害怕美國隨時會發動戰爭。而美國也不斷的累積原子彈、氫彈，只是因為害怕俄國隨時會發動戰爭。全世界似乎活在恐懼和憎恨之中。

愛已經被摧毀了。好幾世紀以來，好幾千年以來，你的愛已經被弄癱瘓了、被毒害了，所以無論何時愛出現在你裡面，你受到的所有制約會起來反對它；它使你發抖，它使你恐懼。如果它是假的，那就沒有問題，你可以應付。但如果它是真的，如果它是真實的，那毫無疑問的，你將會對它有很大的恐懼，就好像你被丟到火中。

一些非常奇怪的事發生在人類身上。愛是人的本性，沒有愛，不會有任何人能成長，沒有人能開花、茂盛的生長，沒有人會感覺到滿足、達成。沒有愛就不會有神。神只不過是愛的最終經驗。因此，由於你的愛是虛假的——你只能應付虛假的愛，因為它不會在你裡面創造出恐懼——你的神也會是虛假的。基督教的神、印度教的神、猶太教的神，這些都是虛假的神。神不可能是印度教的、基督教的或猶太教的。愛會是印度教的嗎？愛會是基督教的嗎？愛會是猶太教的嗎？但是有很多書的名字叫「基督教的愛」。

似乎全世界已經變成一個瘋人院。你很快就會看到一些書名叫做基督教的玫瑰、印度教的金盞花、佛教的蓮花等等。如果愛可以是基督教的，那誰說玫瑰不行？一切虛假的事都是可以控制的。婚姻是虛假的，愛不是。如果你想繼續保有控制，不想要有任何恐懼，那就繼續玩你的玩具；真實的東西不適合你。

但是如果你來了這兒，拉杰卓，那麼所有玩具都必須摧毀掉。那是我全部的工作：摧毀所有的玩具，使你覺知到你這輩子一直在玩玩具，你還沒成熟，你仍是幼稚的。記住，幼稚是醜陋的；像小孩子則是另一個完全不同的現象。幼稚意味著遲鈍的；一個人會持續玩著玩具、紙船和堆沙堡。

如果一個人是真正成熟的，那就是像小孩子的、天真的、充滿好奇的、敬畏的、對存在的美是敏感的，如此敏感以致於他全部的生命都變成一個洋溢的愛。你被如此美麗的存在包圍著，如果你的心無法和它跳舞，那你就不能說你活著。你一定死了，你一定是以一個死亡的實體活著，你一定已經在墳墓裡了。而我在試著把你從墳墓裡拖出來。我對你大喊：「拉撒路，從墳墓裡出來！」如果你已經在墳墓裡待了很久……墳墓是舒適的，非常舒適的地方；事實上，沒有比墳墓更舒適的地方了。墳墓裡面沒有任何事發生，沒有恐懼，因為不會有任何事比死亡更長久了；沒有疾病，沒有不適，沒有老年。你不會被欺騙，不會被敲詐，你不會被搶劫，你不會破產。你是安全的、無憂慮的。

生命不是安全的。生命基本上是危險的。我教你們如何生活，如何危險的生活，因為這是生活的唯一方式；沒有別的方式了。如果你想要安全的生活，舒適的生活，那表示你想要死亡，你想要自殺，你是一個懦夫、逃避現實的人。

你的感覺是真實的。你正面對著一個非常重要的狀況。現在不要回頭。

你說……當我靠近你時，有時候我會感覺到很大的恐懼。

讓恐懼出現！那表示著生命的開始。接受它。經歷它。它不會對你有害；它會幫助你——它會使你比以往更強壯。如果你能有意識地經歷那個恐懼，恐懼將會消失，你將會從火焰中重生，變得更純粹，像純金一樣。

愛是自我的死亡，因此會有恐懼。自我非常害怕進入愛。它會假裝去愛，但是它無法進入愛。它只能到某個點；超過那個點，它會害怕。它會開始縮回來、退回來。任何曾經愛過的人都知道。

和我在一起，當然，拉杰卓，那個恐懼將會比一般的愛來得更深。師父和弟子之間的愛是已知的最偉大的愛。它是信任，它信任不可知的。那是將安全的陸地放到一邊，和瘋子一起進入地圖上沒有標示的海洋。就世俗的眼光來看。和師父進入一段愛的關係意味著發瘋。

某個早晨，耶穌到了一個湖邊。一個漁夫剛拋出他的漁網，太陽剛從地平線升起。一個美麗的早上：鳥兒在唱歌，寧靜的湖邊，那個寧靜和新鮮⋯⋯耶穌的手放在那個漁夫的肩膀上。漁夫回頭看是誰。有那麼一瞬間，耶穌和漁夫都沒說一句話。耶穌只是深入看著他的眼睛：那個漁夫陷入了愛裡面。某件事發生了。

耶穌說：「你還要浪費多少時間在捕魚上面？和我來！我將為你顯示如何捕捉神的方法。」

那個人一定受到很大的鼓舞。他把漁網丟入湖中。他甚至沒把漁網拉出來。他跟著耶穌，一個問題都沒問，甚至沒有問：「你是誰，你要帶我去哪兒？」

心理學家會說他被催眠了。如果那是催眠，那只有非常幸運的人才有用。那不是催眠。事實上，他沒有被催眠，因為「催眠」這個字的字根意指睡眠。他被喚醒了——他從前熟睡著。他一生都在捕魚；那是睡眠。現在這個人裡面被激起了一個渴望，一個新的慾望；一顆新的星辰出現在他的心裡。他想要跟著這個人。於是他就跟著他走，一個問題都沒問。

當他們剛走出那個小鎮，一個人跑了過來。他對漁夫說：「你要去哪兒？你瘋了嗎？這個人瘋了！快回家！你生病的父親剛過世了，我們必須為他準備喪禮。」

這個漁夫終於開口對耶穌說話。他說：「可以允許我回家三天嗎？讓我盡一下兒子對父親的義務？」

耶穌說：「不用擔心。這個小鎮裡面有很多死人——他們會處理。讓死人埋葬死人。你跟我來。如果你要跟我來，就不能回頭。如果你選擇我，就不能再回頭。快跟我走！」

於是那個人跟著耶穌。那個趕來通知他的人愣在那兒。「發生什麼事了？他的父親剛過世，他卻要跟著一個瘋子離開！」

耶穌曾被認為是瘋子。佛陀也曾被認為是瘋子。馬哈維亞也曾被認為是瘋子。就某方面而言，人們視他們為瘋子是因為他們的方式是不同的，和俗世裡的人們非常的不同。

我是一個瘋子，拉杰卓，你必須跟我走，並且愛上我。無論害怕或不害怕，都沒有機會回頭了。鼓起勇氣！你必須跟著我；你已經走在旅途上了。即使你回頭，你也不會找到那個原來的陸地。即使你回頭，那些老舊的玩具也不會再有任何幫助；你和它們的關係結束了，你將會知道它們只是玩具。現在必須找到那個真實的，必須探詢那個真實的。而且它就在不遠的地方——它就在你裡面。

愛上師父就是愛上你最終的本性，愛上你的道。因此你的笑話是美麗的。

兩個瘋子走進一間酒吧，當他們在找位子坐的時候，他們看到對面牆上有一面很大的鏡子。其中一個瘋子對另一個瘋子說：「嘿，看看那兩個傢伙。他們看起來和我們好像。讓我們過去打聲招呼。」

你越接近我，你就越接近你自己。你融化在我裡面的那一天，你就是融化在你裡面。我將會立刻消失。我只是一個設計，只是一個融化的藉口。突然間你會找到你自己，你會發現你自己。

師父真正的功能就是幫助你找到你自己，幫助你成為你自己。除非你成為你自己，否則你不會自由，你不會知道什麼是喜樂，你不會知道什麼是真理，你不會知道什麼是神。

第五個問題：

奧修，

一個師父
向小鳥投降！
感謝這一課。

普里姆派拉巴提，小鳥比人們更有智慧。小鳥不是愚蠢的——牠們不可能是愚蠢的，因為牠們沒有學校。小鳥不是平庸的——牠們無法是愚蠢的，因為牠們不是任何教會、宗教、黨派、信仰和教條的一部分。牠們不受任何胡說八道的束縛；牠們是非常敏感的，牠們不是愚蠢的。只有人類是遠離道的。

除了人之外，整個存在都依循著道而運行。為什麼人類會墮落？——原因是人是唯一有意識的存在；成為有意識是他的特權。現在，意識是一把雙面刃。如果你正確的使用它，你會比任何小鳥、樹木、河流和星辰更深入的享受著道，但如果你不是有意識的，你會遠離道；你會是痛苦的——比任何小鳥、樹木、河流和星辰痛苦。

小鳥不會是痛苦的——牠們無法是痛苦的，因為牠們無法反對道。牠們沒有自我，牠們只能跟隨道；那是自然的現象。牠們無法了解，牠們無法去意識。牠們的喜樂是無意識的。

人類是有意識的，他不是非常痛苦就是非常有意識的喜樂。他不是變成一個白痴就是變成一個佛。而且你必須在這兩者中選擇一個，你無法待在兩者之間，你不能說：「為什麼我不能像一隻鳥、一朵花、一條河流或一座山？」你不能。你不是一個白痴就是一個佛。你不是墮落到自然之下就是上升到自然之上。小鳥真的處於一個美麗的空間。你也可以去到那個同樣的空間——而且是用更好的方式，更深入的方式。

臣服於自然，就是這一課。臣服於自然的意思就是臣服於道。

你無法相信你可以是佛；因為你過著如此白痴般的生活，那似乎不可能。甚至耶穌的父母親也不相信，佛陀的父親和妻子也不相信，馬哈維亞的兄弟、妻子、女兒也不相信他成道了。你過著如此白痴般的生活，在你的黑暗中，你如何能想像有一個得到光的可能性？

我聽說：

一九一二年，在就職典禮後，伍德羅．威爾遜總統拜訪了年老失聰的姑婆。

「你現在靠什麼維生，伍德羅？」她問。

「我是總統，」他對著她的耳朵大喊。

「什麼總統？」

「美國總統！」

「伍德羅，別傻了！」

她無法相信伍德羅會是美國總統。但這不是什麼特別的事——任何人都可以當美國總統。但是如果伍德羅說：「我變成耶穌基督了！」那她會笑出來。她甚至不會說：「別傻了」，她會說：「你瘋了！你得去看心理醫生或是把你自己關到瘋人院裡面。你在胡扯什麼！」

小鳥是有智慧的物種。在這兒，這個佛境裡，牠們變得越來越有靈性，而你有時候還會錯過；牠們不斷的飲用著它。確實，牠們並不知道，但是牠們全身都充滿著它。

在巴西中部的一個小城市，有個家庭要從一個房子搬到另一個房子。他們用牛車代步。所有的家具堆得高高的，用繩子綁著。在最上面還有一個籠子，裡面關著一隻鸚鵡。

當牛車經過一條高低不平的道路時，有時候會撞到路上的坑洞。每次撞到坑洞時，鸚鵡的籠子就會掉下來，然後某個人再去把它撿起來。然後籠子會再被放到高高的家具上面。

在落下第五次之後，鸚鵡已經非常的煩躁。當落下第六次時，牠瘋狂的整理牠的羽毛，充滿挫折的大喊：「聽著…幫幫忙！告訴我那個該死的地址，我會自己到那兒！」

第九章 道會照料一切

令人尊敬的師父說：

當人獲得了力量，超越了那個不斷在改變的，隨時處於純淨和寂靜中，天與地都在他裡面達到了整合。

人的靈魂喜愛純淨，但是他的頭腦卻常常反抗。人的頭腦喜愛寂靜，但是他的慾望卻常常拖著他去做任何事。當一個人能不斷的控制他的慾望，他的頭腦將會自發性的寂靜下來。當頭腦是清晰的，靈魂就會是純淨的。然後，六慾會自然停止而不再被引發，而三毒將會被消滅和溶解掉。

人無法做到這些的原因是因為他們的頭腦不是清晰的，他們的慾望並沒有受到約束。

有著超越慾望的力量的人，向內看，並注視著頭腦，他了解到在頭腦中，頭腦並不存在；向外看，並注視著外形，他了解到在外形中，外形並不存在；看著遠方的物體，並注視著它，他了解到在物體中，物體並不存在。

《原經文》

人能常清靜，天地悉皆歸。

夫人神好清，而心擾之；人心好靜，而慾牽之。常能遣其慾，而心自靜；澄其心，而神自清。自然六慾不生，三毒消滅。

所以不能者，為心未澄，慾未遣也。

能遣之者，內觀其心，心無其心；外觀其形，形無其形；遠觀其物，物無其物。

道相信自發性——不相信培養的美德，不相信創造的人格，甚至不相信道德觀，它們都是自我的努力，而自我是反對道的。道是一種放開來的狀態：全然地和存在同步的在一起，完全沒有分離。你甚至不是它的一部分，你就是整體。你不是波浪，而是海洋本身。因此沒有行為的問題。道的意思是存在。

所有其他所謂的宗教都著重在行為。他們相信戒律：「做這個，不要做那個。」他們有很多應該和不應該。佛教經典有三萬三千條用於和尚的戒律；光要記住它們都不可能。人們甚至連十戒都忘了——他們怎麼可能記得住三萬三千條戒律？他們一輩子都會用來記住那些戒律。他們要如何養成遵守這些戒律的習慣？那要好幾百萬世。

也許是因為這個想法，在東方，無數的來世變得很重要，因為需要時間去養成。一世是不夠的——即使一千世都不夠——你會需要數百萬世來養成遵守這些戒律的習慣。事實上，整個方法會讓你一直拖延。明天變得越來越巨大，幾乎是無限的，而今天是如此的渺小以致於你可以欺騙自己，你可以對自己說：「讓我保持今天我所是的；明天我再改變。今天是如此渺小，不會有什麼可能性。我從明天開始。」當然明天從未到來；它只存在於想像中。

道相信當下；道沒有未來的概念。如果你可以純淨的、寧靜的、自發性的活在當下，那你的生命就會轉變。不是你轉變它：道會轉變它，整體會轉變它。你只是讓河流帶著你到達海洋；你不需要催促河流。

但是當如此巨大的真理被放到語言中，問題就出現了。因為我們的語言是我們創造的。它不是由老子、莊子、列子和葛玄這樣的人所創造，它是由世界上到處都是的平凡人所創造。顯然地，語言是他們的發明，它帶著他們的定義，他們對生活的態度。所以無論你說了什麼，在某個地方都會是不合適的——不只是不合適的，從根本上就是錯誤的。

這必須被記住，還有一些關於這部經典的事。由於這部經典原本是用中文寫的。中文是一種完全不同的語言，它是世界上最困難的語言，原因是它沒有字母，它是圖像的語言。圖像的語言是最古老的語言；它們一定是來自最初的人類意識，因為當人還是小孩子的時候，他用圖像的方式思考，他無法用文字的方式來思考，所以他的語言是圖像化的。那就是為什麼小孩子的書有很多彩色圖片；文字不是很多，但是有很多圖片。小孩對文字沒興趣，他對圖片有興趣。看著芒果的圖片，一顆非常多汁鮮豔的芒果，他可能會有興趣想知道它叫什麼，它要怎麼寫，然後他可能會讀出來——只有一些關於芒果的文字。漸漸的，芒果消失了，位子讓給了文字。在大學的書籍中，圖片完全消失了。書籍越精深，圖片就越少；全都是文字。在你的睡眠中，你仍然不是用文字的方式來做夢，而是透過圖像的方式，因為在你的睡眠中，你再次成為孩子。

中文是夢的語言——我們都知道解夢的困難。你夢到一些東西，但是到了早上，你無法知道它代表什麼意思。你會需要一個專家來解釋，然而專家之間的解釋也不會一樣。佛洛伊德派會說這樣，容格派會說那樣，阿德勒派會說剛好相反的。而現在有更多心理學的新學派、新學校，它們都有自己的解釋。無論你讀了誰的書，都會看起來很有根據；很合理，因為它們都能提供很豐富的合理說法。夢是你的，但你不知道它是什麼意思，因為一個夢可以有很多意義；一個夢是多面向的。

那就是中文的困難，它是夢的語言，圖像的語言——每張圖片可以有很多意義。因此會有中文經典的翻譯，很多種翻譯，而且不會有任何翻譯是一致的，因為就解釋的人來看，一張圖片可以有很多解釋的方式。中文是符號般的；它給予象徵，它是非常詩意的，它不是算數的。

如果你能記得這個，你才不會落入幾乎所有學者都會落入的陷阱。

這部經典不是用使用字母的語言寫下來的，所以任何關於這部經典所說的話都只是解釋。而我自己在很多地方都不認同；如果我來翻譯，那會是一個完全不同的翻譯結果。我將告訴你們，我和他們不同的地方以及不同的原因。

令人尊敬的師父說：

當人獲得了力量，超越了那個不斷在改變的……天與地都在他裡面達到了整合。

第一個完全錯誤的是獲得的概念。道不相信你必須獲得任何東西或是你可以獲得任何東西。你已經是你可以是的：不需要再獲得什麼東西了。這個獲得的概念，達成的概念，不是道的方法，它是外加的。沒有什麼東西要獲得，沒有什麼要達成。獲得和達成的概念根植於我們的自我。自我總是充滿野心的；它不會是別的。它不是要獲得世俗的東西就是要獲得另一個世界的力量，成就，某個可以獲得的東西。自我藉由獲得而生存。

道說自我必須融化掉，你不能是有野心的——野心是反對道的，道教導沒有野心的，無爭。你只需要是如你所是的。你已經是完美的；你沒有任何片刻是不完美的。你已經在道裡面；但是因為你想像你已經失去它了，你已經遠離它了。

就好像在睡眠中，你仍然待在你的房間，在你的床上，但是你可以夢到你在很遠的地方。你可以去拜訪火星和月亮，你可以去探望任何一顆星星，但是到了早上，你會發現你並沒有離開你的床，一個片刻都沒離開過。

當一個人變得有意識，他會察覺到所有成就和失敗的荒謬。是因為成就的概念帶來了失敗，因為那個認同而有了挫折感。如果你成功了，它會帶來自我。自我就是痛苦，因為你擁有越多的自我，你就越認為你和整體是分開的，你是某個特別的人，獨特的、優越的、高等的、神聖的，你不屬於這個世界，你是一個聖人，一個聖雄。如果你失敗了，就會有挫折感；那帶來了痛苦和憤怒。無論發生了什麼，成功或失敗。你都會受苦。自我帶來受苦；無論成功或失敗都沒有差別。因此就道家的方法而言，這個獲得的概念是完全錯誤的——記住它。

翻譯者說：

當人獲得了力量⋯

再一次的，「力量」這個字不是正確的，因為道不相信力量。它相信的是完全沒有力量的，因為當你是強大的，你是在對抗整體。希特勒是強大的，亞歷山大大帝是強大的，恐怖伊凡是強大的；成吉思汗、帖木兒，這些都是強大的人，但他們是在對抗自然、對抗自發性。

耶穌不是強大的，耶穌是完全沒有力量的。當耶穌被處以十字架刑，他的門徒在等待：「現在是他顯示他的力量的時候了。」敵人在等待，朋友也在等待一樣的事情發生：「現在他將要顯示他奇蹟般的力量，現在他將證明他是神唯一的兒子。」但是他沒證明任何事，他只是死了。他像一般人一樣的死掉了——他跟另外兩個一起被處刑的小偷一樣都死了。他被釘在中間的十字架上；兩邊的十字架上各釘著一個小偷。敵人感到挫折，朋友受到的挫折更甚。怎麼回事？他的力量去哪兒了？他一直在談論他是神的兒子⋯但是身為神的兒子的意思就是，成為完全沒有力量的。

我們是如何一直誤解耶穌、老子和葛玄這樣的人！我們的誤解幾乎是無止盡的。他臣服於神。是的，有那麼一個片刻，他察覺到這些期待。幾乎十萬人在觀看；朋友佔了很少的一部分。他一定從人們的眼中看出那些期待——他們在期待奇蹟。偉大的事將要發生——有些事要好幾千年才會發生一次。有那麼一個片刻，他可能受到了影響，被這樣大的注意力、這樣大的期待所催眠。整個氛圍都充斥著一個慾望：見證他的力量。

他問神：「你拋棄我了嗎？」但是很快的，他了解到——他是個有智慧的人，極大的智慧。他很快了解到無論他說了什麼都會是錯的。神怎麼會拋棄他？那個神拋棄他的概念是負面的、醜陋的；那不是信任。

如果神展示了力量，那麼就會很容易信任。如果他證明了他的力量，那將會很容易信任；任何人都會信任。不需要智慧就能信任，不需要特別的了解就能信任；任何笨蛋都會信任。

但是一直到了最後一刻，什麼事都沒發生。耶穌立刻了解到——這是個了解的時刻。他臣服了。他說：祢的王國來了，祢的旨意將被執行。不要理會我，祢只要繼續做祢想要做的。我憑什麼給予建議？我不再存在，我全憑祢處置。

這是真正的沒有力量。這就是道。葛玄會了解；猶太人無法了解。所有聚集在那兒的人都是猶太人、朋友或敵人。他們一直相信成就、力量和野心——他們所有的先知一直在展現奇蹟。如果他們對耶穌感到憤怒，那個原因就是他沒有達到那個目標：他沒有證明他真的是一個先知，因為過去的先知都做了很多奇蹟。

我的感覺是他從未施展過任何奇蹟。如果他施展過任何奇蹟，所有猶太人的信仰將會改變；他們不會對他處以十字架刑。這點就足夠證明他從未施展過任何奇蹟。所有基督徒提到的奇蹟都是被發明的。這些基督徒的頭腦和他們一樣，有同樣的慾望和野心：「我們的主怎麼會無法施展奇蹟？如果一般的先知都能做到這麼多，我們的主怎麼會無法施展奇蹟？」於是他們發明了比過去的先知所施展過的，更大、更強的奇蹟。

但我的感覺是，耶穌是一個屬於道的人。他真的是一個可以被稱為具有宗教性的人。

我聽過一個美麗的故事。那個故事沒有被寫下來。它一定是從一個師父傳給另一個師父，口口相傳：

摩西、亞伯拉罕和以西結，三個古代的先知，坐在天堂的一棵樹下，談論著偉大的事，談論著古老的聖約。然後亞伯拉罕突然說：「我們知道舊約的所有事。耶穌如果在這兒，他一定能告訴我們關於新約的事。」

摩西笑了，他對著坐在樹旁的男孩說：「耶穌，請拿三個杯子給我們。」亞伯拉罕很驚訝。這就是耶穌？然後耶穌為了古代的先知去拿了三杯咖啡。

但是我愛這個故事。只有耶穌會這樣做——完全的沒有力量。他的沒有力量就是他施展的奇蹟：他已經完全的摧毀了自己。他們甚至不知道他也在場，他坐在樹旁。他甚至沒說：「我就是耶穌基督，神的唯一兒子。你們在說什麼？要我去替你們拿三杯咖啡？你們自己去！這是談論神的兒子的方式嗎？」但他只是照著他們的意思去拿了。

只有耶穌會這樣做，或是老子、葛玄、菩提達摩或芭蕉。這些人已經放棄了全部的權力之旅、全部的算計。

那些翻譯，葛玄不可能會這樣說：

當人獲得了力量，超越了那個不斷在改變的…

不。如果我來翻譯…我完全不了解中文，但是誰在乎？我還是能翻譯，即使完全不認識一個中文字，但是我了解道的精神；那是我的經驗。如果我來翻譯，我會說：

當人臣服於道的力量，超越了那個不斷在改變的…

作為一個分離的存在，當人變得完全沒有力量，那麼他將超越那個不斷在改變的。他處於純淨和寂靜中。然後降臨於他的純淨，將不會是某些外在培養的東西。

那不是某些你必須一直維持、控制的東西，否則你會錯過它…你的聖人不斷的控制著。他們知道得很清楚，一旦有任何一個片刻鬆懈，他們將會失去所有的純淨。他們不是處在純淨中，不是自然而然的，而是某個人為的、隨時會改變的；他們在強迫自己。

你不需要去呼吸。你不需要記得去呼吸；否則你早就死掉了，因為只要有任何一個片刻忘記——一個美女經過，然後你忘了呼吸——就結束了！以後你再也不用呼吸了。然而呼吸一直在繼續，即使當你在睡覺——不只是當你熟睡著，即使你陷入昏迷，呼吸還是會繼續；它不用依賴你。

有一次我去見一個女人…她的丈夫非常愛我。他哭著趕來說：「這是我妻子的遺願，她想要見你一面。但是她已經昏迷了九個月，醫生說她不可能恢復意識了。但是請你和我來，滿足她最後的願望。在她失去意識之前，那是她最後的願望。」

於是我去見那個女人。她昏迷了九個月，但是她可以正常呼吸。昏迷的意思是幾乎像死人一般的。她在三個月後過世；昏迷了一年之後，她過世了。但是這一年中，她一直呼吸著；她的呼吸很正常，沒有受到任何影響。

道會照料你的呼吸，那是自然的。你的血液不斷的循環，日復一日，年復一年。好幾世紀以來，人類一直以為身體內的血液並沒有在循環；血液只是填滿著身體，就像水壺裝著水一樣。就在三百年前，人們發現到血液不只是填滿著身體，它會不斷的循環，它循環的速度非常快。使你內在的世界是活躍的、動態的。誰在循環你的血液？——肯定不是你，否則你會忘掉。誰在消化你的食物？——肯定不是你。事實上，如果你過度覺察你的消化，你會打擾到你的胃。

做一個二十四小時的實驗：當你在吃東西時，只要覺察著食物將要進入胃；現在你必須消化它。然後麻煩會開始出現：你會感覺到沉重，你不知道要怎麼辦，如何消化。只要覺察著食物在胃裡面，它必須被消化，你將無法做任何事。做些瑜伽練習、倒立、慢跑、跳躍，二十四小時內，你的胃會出現問題，你會打擾到整個生理過程。它完全不需要你。一旦食物從你的喉嚨落下，你就不需要擔心它；道會照料一切。

所有存在性的就是自然的，以自然的方式過著你的生活就是道唯一的教導。它教導你沒有力量，但是沒有力量中會有一股強大的力量——神的力量，整體的力量，不是你的力量，不是我的力量，不是任何人的力量。

然後你裡面會出現一種純淨。你不是創造它的人，你不是設計它的人；你只是一個觀照，一個看者。然後會出現一個巨大的寂靜，不是從外在強加的。那是你所謂的宗教人士在做的：他們強迫自己是純淨的。無論何時，你強迫自己是純淨的，它就會變成一個被營造出來的現象，它只不過是壓抑。而壓抑只會創造出醜陋；它在你裡面創造出分裂，它使你精神分裂。

有一個牧師邀請另一個牧師來家裡吃飯。用餐過後，微醉的客人發現到女僕非常美麗。

他對他的同事說：「你算是老朋友了，告訴我——你和她上過床嗎？」主人很生氣：「你居然在我家這樣說話？」他大喊：「請你立刻離開！」

當他朋友走後，牧師發現有一支美麗的銀湯匙不見了，於是隔天早上，他寫了一封信給他朋友：「我親愛的聖潔的朋友，我不是說你是賊，但是如果你看到我的銀湯匙，請把它還給我！」

他很快就收到了回覆：

「我親愛的聖潔的朋友，我沒有說你是騙子，但是如果你昨晚睡在你自己的床上，你就會看見你的銀湯匙！」

所有培養出來的純淨創造出虛偽，它在你裡面創造出雙重人格。一定會這樣，因為你不了解；你是在拒絕某個東西。它沒有消失；它在那兒，隨時等著採取報復。而且它會找到自己的方式——它會從後門進來。如果你不讓它從前門進來，它會從後門進來。

道不相信任何培養出來的人格；它相信自然的純淨、自然的寂靜。你一定觀察到，如果你嘗試保持安靜，那麼每件事都會變成一個打擾、一個分心。一隻狗在叫，牠完全不知道你試著在靜心、牠完全不反對靜心、牠不是一個敵人、牠不是因為某些業而對你採取報復：牠只是享受著吠叫；那是牠的靜心。也許牠在做動態靜心！牠似乎比你們更現代化、更跟隨流行——你們在內觀，而牠在做動態靜心！但是你會受到打擾。牠不會被你的內觀打擾，而你卻被牠的動態靜心打擾，原因是你在強迫做某件事；不是自然的。你只是在自己身上漆上一層非常薄的寂靜。但是內心裡，有一千零一隻狗在吠叫，牠們一發現到狗叫，就出現了一個很大的渴望，想要跟著吠叫。那個分心來自於你內在的狗，而不是外在的狗；外在的狗不用負任何責任。如果你的寧靜是自然的，狗叫不會使你分心；它甚至會強化你的寂靜，它可能會反映出你的寂靜。那就是整個發生的情況。

你在晚上的時候看到星星，美麗的星星，你想過它們在白天的時候去哪兒了嗎？它們沒去哪兒——它們能去哪兒？它們還在那兒，但是因為背景已經不在那兒，黑暗已經不在那兒，所以你看不到它們。在晚上，黑暗的作用就像一個背景：晚上越暗，星星就越亮。它們在滿月的晚上就無法這麼亮，但是當月亮不在，所有的星星真的很美。

真正的寧靜也是一樣：每件在平常時候會造成分心的事都變成了背景。狗叫聲、交通噪音、某人的叫聲、小孩的哭泣聲、跑步聲、妻子在廚房煮菜的聲音——每件事都變成了背景，每件事都加深了你的寧靜，因為你不是在集中注意，你不是在強迫做任何事；你只是放鬆。事情會繼續發生，你保持不被觸碰的；你保持絕對的處於中心，沒有任何努力的處於中心。

必須記住這件事：道教你沒有努力的自然；它不像瑜伽一樣相信努力。瑜伽和道是完全相反的。那就是為什麼瑜伽無法在中國散播開來。佛陀留給中國很深的印象是因為他也說你應該是自然的，你的靜心應該是沒有努力的，不應該從外面強加，它應該從你最內在的核心裡出現。它不應該是一朵塑膠花，它應該是一朵真正的玫瑰。

當人臣服於道的力量，超越了那個不斷在改變的，隨時處於純淨和寂靜中，天與地都在他裡面達到了整合。

那就是我說的東方和西方的會合，唯物主義和靈性主義的會合。那就是我說的左巴佛陀：**天與地都在他裡面達到了整合**。

道不像耆那教著重在來世；它也不像印度的唯物主義者著重在這一世。它相信整合的存在；它不相信分離的存在。它全部的見解就是全然的整合、有機的整合。

天與地就是一；它們已經在你裡面會合。你的身體是地的一部分，你的靈魂是天的一部分。會合已經發生了——你沒覺察到。如果你放鬆，你就會覺察到，那個會合是無與倫比的美麗。只有地會是死的。那就是為什麼唯物主義者的生命哲學認為生命是沒有意義的。

那正是發生在西方的。本世紀西方所有偉大的思想家都著迷在一個問題上：

生命的意義。他們至少都同意一件事：生命是沒有意義的。

在杜斯妥也夫思基著名的小說中，其中一本最重要的小說⋯⋯如果我被問到世界上十本最重要的小說有哪些，這本將會是其中一本——不只是其中一本，也會是那十本裡最重要的：卡拉瑪佐夫兄弟。它是其中一個最偉大的創作。

在卡拉瑪佐夫兄弟中，其中一個人物對神說：「祢在哪兒？我要見祢——不是我有興趣想見到祢，不是我想了解祢；我只是想把票還給祢，那張祢給我以便讓我能進入這個世界的票。請拿回去！這整個世界都是無意義的。」

馬賽爾在他其中一個作品中說過，自殺似乎是最重要的哲學問題。如果生命是沒有意義的，那麼當然自殺似乎是最重要的哲學問題。何必繼續活著？在過去，人們認為只有懦夫會自殺；現在鐘擺似乎移到了另一邊。唯物主義者感覺生活是如此的沒有意義，以致於自殺的想法慢慢的出現並逐漸增強，他們認為只有繼續活下去的人才是懦夫；只有勇敢的人才會試著自殺。如果生命沒有意義，何必繼續活著？

但會發生這種狀況的原因是，只有地被接受了，而天沒有。地是無意義的，荒蕪的；沒有天就沒有靈魂——你只是一副軀殼、肉體。一副軀殼能有什麼意義？當靈魂離開了身體，意義也跟著離開了身體。而且如果你不相信靈魂，你遲早一定會感覺到生命沒有意義。西方正感受著這個巨大的無意義。

而東方只相信天，只有靈魂，但那是抽象的。身體是實體的，靈魂只是一個抽象的概念；它是無形的。當你開始追逐無形的、看不見的，你會失去一切實體的痕跡。那就是為什麼東方是貧窮的、飢餓的、充滿疾病的、承受著數千個問題，而且似乎沒有辦法解決它們，因為好幾世紀以來，我們從未考慮過地；我們的雙眼都著重在天。

有一個古代的希臘寓言：

某個非常有名的占星家在夜晚看著天空，察看著星辰，研究著星辰。自然的，他迷了路，因為他沒有看地上，沒有去注意他走到哪兒，然後他掉到一個井裡面。等他知道已經太遲了。他開始大叫：「救我！」他在村莊外面。

一個住在附近的老女人救了他。當他出來後，他對老女人說：「妳可能不認識我，妳可能在晚上沒認出我，但我將告訴妳我是誰：我是國王的御用占星家！一般人很難見到我，但是妳可以來找我，我會把妳的未來告訴妳。」

老女人笑了。她說：「你這個笨蛋！你連路在哪兒都不知道，連井在哪兒都不知道，你還想談論我的未來！」

那正是東方所發生的狀況：東方已經掉到井裡面，失去了實體的蹤跡，變得太過抽象化。

似乎只有道的生命態度是完整的。它不拒絕地，它不拒絕天。它接受兩者，它接受兩者的整合。它說：知道自發性的純淨和寂靜的人、放鬆在整體裡面的人、放鬆在存在法則裡的人——在他裡面的天和地是整合的。

那也是我對於桑雅士的概念。我要這個整合在你裡面發生。你會被全世界誤解：在東方，人們會認為你是唯物主義者，在西方，人們會認為你是哲學家。那表示你瘋了、你如此生氣以致於你在胡說八道。他們會說：「停止胡說八道！實際一點，務實一點。」你在任何地方都會被誤解，因為東方只相信了一半，西方只相信了另一半。

我相信整體。對我而言，信任整體是唯一成為神聖的方式，信任整體是唯一成為整體的方式。當你是整體，生命會是喜樂的、至福的，生命會是一個慶祝。

人的靈魂喜愛純淨⋯但是他的慾望卻常常拖著他去做任何事。

人有三個層面；必須了解這三個層面。第一個，最深的核心。是靈魂；靈魂的意思是你存在的中心。最外在的圓則是由慾望組成。在這兩者之間是另一個同心圓，分別有一半來自於前兩者，來自於外在和內在。但它不是外在或內在——它是你的頭腦。

人的靈魂喜愛純淨…

葛玄說的純淨，他的意思是天真，所以不要用道德觀念上的純淨來解釋，因為道不相信任何道德觀或任何非道德觀：它只相信天真。那就是為什麼小孩是天真的，因為當他出生，他只有本性的中心圓；其他兩個圓還沒圍繞著中心圓。那就是為什麼每個小孩看起來如此美麗。你有遇過任何醜陋的小孩嗎？那是不可能的。但是這些美麗的孩子發生了什麼事？——因為如果所有的小孩都是美麗的，那所有人都應該是美麗的，因為他們原本都是美麗的小孩，現在長大成人了。但是在成長的過程中，他們都迷失了；某些醜陋的事被放了進去。我們給了他們錯誤的表面；我們給了他們錯誤的頭腦，錯誤的慾望。我們在他們的存在裡面創造了這樣的二分性，以致於他們變成了群眾，而不是整體。他們不再是整合的存在；他們變成了部分。成為部份就是醜陋的，因為你失去所有的和諧，失去了和諧就失去了美、失去了優雅。

人的靈魂喜愛純淨⋯⋯

如果你到達了你最深的核心，你會突然發現天真在你裡面出現，天真的玫瑰在綻放著。

⋯⋯但是他的頭腦卻常常反抗。

但頭腦不願意只是天真的。天真會說「是」，它是信任；頭腦會說「不」，它是懷疑。頭腦總是透過「不」而存在，它是否定的；靈魂總是正面的。靈魂沒有任何說「不」的想法，它不知道任何關於「不」的事；而頭腦不知道任何關於「是」的事。如果頭腦有時候必須說「是」，它也是不甘願的說「是」。你可以在你裡面觀察到：無論何時你的頭腦說「是」，它是不情願的，因為它找不到說「不」的方法，所以它只得說「是」。「是」對於頭腦而言，它不是自發性的；「不」則是自發性的。

看看這段經文裡的真理。沒有理論和假設，這些都是簡單的事實。你可以只是看著你自己裡面：你的頭腦中第一個發生的會是「不」；它會立刻地說「不」

——即使沒有說「不」的理由。

就在某一天，我收到一封桑雅士的信：「奧修，當你談到普里姆奇瑪亞死的時候，他死的時候處於第六個中心，他只需要再來一世，我不相信你、我不信任你。」

你可能不知道任何關於輪迴的事；你可以只是說：「我不知道是否有輪迴，所以我要如何相信或不相信？」你可以是開放的。然而你不會錯過任何說「不」的機會。現在，這個桑雅士一定在等待某件事發生以便說「不」。但你知道「死的時候處於第六個中心」是什麼意思嗎？你知道任何人類內在生理學的事嗎？

問問普珈和席拉，當奇瑪亞死的時候發生了什麼事。他們很驚訝——他們無法相信發生了什麼事：他的身體變得很冷，但是他的頭部變得很熱。他自己也在抱怨有些奇怪的事在發生：「…好像我全部的能量都來到了頭部。我的身體是冰冷的、鎮定的，但是我的頭部感覺好像被火燒。」

無論何時靈魂要離開身體，那個它將要離開的中心將會變得很熱——自然地，因為全部的能量都集中在那兒。散佈在全身的能量都聚集在一個地方；那個地方一定會變得像是火在燒。

你不知道任何關於內在生理學的事。如果你不知道，我不會要你相信它——

我會是最後一個要你相信任何事的人——但是也沒有說「不」的必要；你可以只是保持開放的態度，你可以說：「等我死的時候，我要看看會發生什麼事。」

然後他在信中說：「我不相信你，我不信任你。這會有關係嗎？」對我而言，那沒有關係，完全沒關係，因為我不依賴你的相信，但是對你而言有非常大的關係。我不是強迫你要對我說「是」，因為經過強迫而得到的「是」將會是偽裝的「不」，我只是說在這裡保持開放的。沒有說「是」或「不」的需要，你可以只是說：「我不知道。」處於一個不知道的狀態下，這樣你就能去經驗、去實驗。如果你說「不」，你就會變得封閉，只有當你經驗過，你才會說「是」。所以我不要求你相信，但是我一定會要你不要不相信。沒有相信或不相信的必要。但是這個桑雅士的頭腦一定在等待某個機會。

在這兒很少發生這樣的事，因為我不會說你很難相信的事——我很少會談論超越你所能理解的事。我把它們放到一旁；我把你準備好，這樣有一天你就能經驗它們。但是有時候某些事會發生。例如，普里姆奇瑪亞的死就是這種情況，所以我必須說些關於死亡的事，關於他死的時候處於哪個中心的事。我必須說他很快就會回來。如果你深入到靜心中，這些事不會超越你的理解，但是如果你沒有深入到靜心裡面，它們就超越了你的理解。

頭腦想要說「不」，如果你聽從頭腦，那你會停止聽從師父。如果你想要聽從師父，首先你必須是敞開的，這樣有一天你就能自發性的行動。對你而言，它是有關係的。

待在這兒，以某種方式說「不」表示你只是人在這兒，但是靈魂不在這兒。那會完全浪費你的時間；這樣就沒有必要待在這兒。

這個佛境的所有努力和目的就是要幫助你超越頭腦，超越「不」。

葛玄的經文說：

人的靈魂喜愛純淨，但是他的頭腦卻常常反抗。人的頭腦喜愛寂靜，但是他的慾望卻常常拖著他去做任何事。

靈魂喜愛純淨、天真；那是它自然的喜悅。頭腦不喜歡純淨和天真，因為天真表示需要「是」做為基礎，而頭腦透過「不」而存在。但是因為頭腦不斷的說「不」，它必須承受很多混亂，因此頭腦非常需要去保持寂靜、沉默、鎮定和溫和。

人的頭腦喜愛寂靜……

然而你的存在中還有另一個外在的圓——慾望的圓，它不允許你保持寧靜；它們會拖著你去做任何事。頭腦拖著你進入「不」，進入否定；那會影響你的純淨。「是」是你的天真，「不」意味著你失去了你的天真。然後在頭腦中還有離不開你的慾望，它們想做點事；只是「不」還不夠。它們拖著你去做一千零一件事——用中文來說就是進入到「萬事」中；它們使你不斷的被佔據——金錢、權力、名望；它們一直驅使你：「做這個。完成這個。沒達到這個就不是真正的人。證明你是強而有力的，證明你是偉大的，證明你是特別的。」然而為了要證明這些，你必須進入一個接近瘋狂的狀態。政治就是如此。

政治是另一個極端，相對於宗教的另一極。宗教引領你來到存在的本質，而政治引領你來到你欲求的事物中。慾望使你被世俗上無意義的事所佔據，以致於你開始忘記內在裡面每一件真正重要的事。追逐金錢使你忘記了所有內在的寶藏。追逐權力使你忘記了所有道的力量，最高的力量。追逐名聲使你完全忘記它們只是短暫的。但是它們不斷驅使著你；它們一個片刻都不會離開你。在晚上，你會夢到慾望，在白天，你會追逐慾望。所有的慾望都是妄想，就好像地平線看起來如此接近，如果你動身前往，似乎在一個小時內就會到達那兒。但是你永遠不會到達，因為它不存在。

你不斷的忘記每件事：你忘記了靈魂，天；你甚至忘了身體，地。你幾乎發瘋了。你們所有的政客都瘋了。你們所有追逐金錢和名聲的人都瘋了。但是因為他們佔有大多數，以致於他們似乎是完全正確的。事實上，對名聲和權力沒興趣的人似乎有點失去理性了。這個人怎麼了？

你會一直問他：「你怎麼了？你為什麼沒興趣累積更多的金錢？只是靜靜的坐著向內看能有什麼用？」你會被世界譴責，因為世界由外向的人組成。他們會把你稱為內向的人，他們會告訴你內向是一種墮落，他們會說：你是自私的、你是自戀的、你只對自己的喜悅有興趣、你應該去關心別人、你生活的方式應該跟別人一樣、你應該是群眾的一部分。當然，他們有很多人，而你只有一個人。

耶穌對他的門徒說過：「我派你們出去，就好像羊入狼群。」我知道他的意思。當我派你們進入世界，我也知道如同把羊送到狼群裡。你們試著保持寧靜、天真、像孩子般的，而這個世界卻試著到達不同的另一端。

當一個人能不斷的控制他的慾望，他的頭腦將會自發性的寂靜下來。

再次的，使用了錯誤的字。

當一個人能不斷的控制他的慾望⋯

不，葛玄不會說「控制他的慾望」因為那表示壓抑，那表示支配。他會說：

當一個人能不斷的了解他的慾望，他的頭腦將會自發性的寂靜下來。

只有了解是需要的；其他的事不會有幫助。如果你了解了一個慾望，它就消失了。慾望就像黑暗：你把光帶進來，黑暗就消失了。你不需要扔掉它，你不需要壓抑它，你不需要把門關上，使它被擋在外面——你無法直接對黑暗做任何事——你只需要把光帶進來。一根小蠟燭就夠了，然後所有黑暗都會消失。只要一點了解之光，慾望就會開始消失。然後會出現自發性的寂靜。

記得這個字「自發性」；就道而言，它是一個關鍵字。

當頭腦是清晰的，靈魂就會是純淨的。

當慾望不在，思想就會自動消失，因為思想是慾望的僕人。當慾望在那兒，你的頭腦就充滿了思想，充滿了計畫——要做什麼，如何做，如何滿足這些慾望。當慾望消失，你就切斷了樹的根。然後葉子開始消失，樹枝消失了，樹自己也消失了，然後頭腦就會是清晰的。在那個清晰的頭腦狀態中，在那個無念的頭腦狀態中，你就能看見你內在本性的純淨。

然後，六慾會自然停止而不再被引發，而三毒將會被消滅和溶解掉。

這是一件非常重要的事，需要記住它。

所有的宗教只談論五種感官，只有道談到第六種感官。所有宗教都在談論五種慾望，因為人由五種感官組成；而道談論六種慾望。這個洞見是驚人的，因為就在最近，就在本世紀，科學才剛發現有第六個感官；否則以前並不知道有第六個感官。你的耳朵有兩種感官；你的耳朵不是單一的感官——在它裡面藏有另一個感官：那個感官使你的身體保持平衡。

那就是為什麼當你看到一個醉漢走路，你會發現他無法筆直的走；他的步伐是之字形的。他的腳步並不一致，原因是酒精影響了第六個感官，那個保持你身體平衡的感官。在五千年前，道家的洞見就提到了第六種感官。透過眼睛，出現了對於美的慾望，透過耳朵，出現了對於音樂的慾望，透過鼻子，出現了對於好聞的氣味的慾望，透過舌頭，出現了對於美味的慾望，透過身體，出現了對於觸碰的慾望——這是傳統的五種感官——而透過第六個感官，出現了對於保持平衡和控制的慾望。如果有人用力打了你的耳朵，你會失去平衡；你會在白天看見星星。

這六種慾望不再出現了。不是因為眼睛瞎了；事實上，現在它們可以更真實的看見美，但是沒有佔有美的慾望。不是因為你聾了，但是現在已經沒有想佔有任何東西的慾望。你享受的更多，因為你的能量是自由的，你的感官更清楚了，更清澈了。

沒有任何人能比一個佛更了解真正的美，沒有人能比老子更能聽見真正的音樂，沒有人可以比耶穌更能嚐出真正的美味。他們的感官才是真正敏感的，他們的感官才是真實的。你的感官是遲鈍的。你們的社會使你們的感官遲鈍，因為社會在害怕：如果你的感官真的很敏銳、很敏感，那麼由於你的佔有欲，你將會是一個危險的人。你看到一個美女：她是某個人的妻子，如果你的眼睛能看見那個美，你會產生佔有她的欲望，你會抓住她，你會帶著那個女人逃走，你會強姦那個女人。一定會發生某個罪行。

只有當你能夠拋棄所有的佔有欲和控制欲，自然才會讓你擁有完整的感受能力。然後你就能去觸碰，每塊石頭都會感受到你的觸碰像天鵝絨般的柔軟。每件事都會開始具有神性的品質，一切都被轉變了。

…而三毒將會被消滅和溶解掉。

三毒是什麼？第一個是性欲——不是性，記住，是性欲。性是自然的。道不反對性，它是唯一完全認同性的宗教。道有一套自己的性科學，道有自己的一套譚崔方法，而且遠超過印度的譚崔。但是性欲是完全不同的現象；性欲的意思是性能量的濫用。那麼它就會變成有毒的。

第二種毒是憤怒，第三種毒是貪婪。性欲、憤怒、貪婪：這三種毒藥同時結合在一起，這個邪惡的三位一體，創造了你的自我。但是它們能被融化和消滅掉。如果性欲消失，你會很驚訝，憤怒也跟著消失了——你完全不需要做任何努力。憤怒只是表示你的性欲受到了阻礙。任何妨礙你的性欲的人會在你裡面創造出憤怒；他是你的敵人。性欲也創造了貪婪；貪婪是性欲的外形，經過扭曲的外形。金錢變成你的愛人，因為社會不允許任何形式的愛。它只允許金錢和權力；它們可以變成你的愛人。它改變了你愛的對象。首先，它把你的性變成性欲⋯⋯去了解這個差別。性是自然的現象；它是你繁衍後代的能力。性欲的意思是，你的頭腦不斷的被性所佔據；它不再是個美麗的現象，它變成頭腦的。它不再受限於性中心，它來到了頭部。現在你不斷的想著它。

只要觀察你在一小時內想到多少次性——你會很驚訝。心理學家說如果你觀察你的頭腦，你會非常驚訝你在一小時內想到多少次性。男人想到性的次數是女人的兩倍；那可能是造成他們之間的衝突的其中一個原因。他們的性欲是不同的。男人比女人更壓抑性欲的原因是男人必須賺錢，必須變成有名的，必須成為一個首相或政客。自然地，他要從哪兒獲得成為總統的能量？只會有一種能量；你裡面沒有很多能量，你只有一種能量。無論你想要怎麼稱呼它，「XYZ」或別的，但是你只有一種能量。佛洛伊德稱為LIBIDO，然而那就是性的意思。現在如果你想要擁有更多的金錢和權力，你想要成為國家的總統或首相，那你就得將你部分的性欲挪用到那上面。

我聽說：

有一天，卡特和勃列日涅夫同時參加了一個冗長的會議。他們的妻子在會議室外面等了好幾個小時，然後她們終於受不了無聊而開始交談。很快地，她們對彼此互有好感，並開始分享秘密。

羅莎琳卡特說：「妳不會相信的，我親愛的布列絲內娃，但吉米不再是當初和我結婚的那個人了。隨著漫長的歲月經過，現在他甚至連看都不看我一眼了。他如此疲累，以致於一回到家就馬上上床睡覺。」

「我的情況也一樣，」布列絲內娃說：「我不知道該怎麼辦。」

「有一天晚上，」羅莎琳卡特說：「我決定要勾引吉米。我換上透明的黑色睡衣，並噴了昂貴的香水，關了燈，放了性感的法國音樂，並把枕頭疊在床上。然後等他進來臥室。」

「他一進來臥室就談論所有中東的問題，美元貶值、有的沒的。我把他拉進枕頭堆裡面，脫了他的襯衫，再脫了我的睡衣，讓他看見我的乳房，並問他：吉米，這樣有讓你想到什麼事嗎？」

他看著我的乳頭，拍了一下額頭說：「對了⋯⋯我得打電話給摩須達揚！」

「那不算什麼，」布列絲內娃說：「我的情況更糟。我也做了跟妳一樣的事，除了我沒穿睡衣之外。當他一上床，我就跳到他身上，將我的陰部對著他的臉說：「看看這個，勃列日…這樣有讓你想到什麼事嗎？」他回答說：「對了！我忘記打電話給卡斯楚！」

一定會發生這種情況。你必須轉移你的性能量；然後是金錢、權力、名望，它們都變成了你的性伴侶。而且這些人會毫不在意的談論道德觀和戒律；他們會很隨意的教別人如何控制他們的性欲，事實上，他們只不過是在濫用性的能量。而且這些人變得非常暴力；他們是暴力的——他們使全世界一直處於戰爭邊緣。

當性被濫用，愛就變成了恨。性並沒有任何錯，然而一旦扯上性欲，每件事都是錯的。性應該被允許自然的流動。是的，有一天，如果你自然地活，你就會超越它；但它是自發性的，它不是禁欲。它來自於慶祝。

十四歲的時候，你的性徵成熟了，四十二歲的時候，如果你自然的經歷過性，你會超越它。但這是一個奇怪的世界。小孩子變成有性欲的，小孩子不再是性徵上成熟的，因為整個環境都被毒化了。小孩子開始想著性。看影片、看小說、看淫穢的雜誌，他們開始想著性。

義大利人派羅到了一個村莊。他問農夫：「你知道小孩子從哪兒來的嗎？」

「他們是甘藍菜養大的！」農夫回答。

派羅再往前走了不久，他遇到了擠牛奶的人。「嘿！」派羅說：「你知道小孩子從哪兒來的嗎？」

「當然，」擠牛奶的人回答：「被鶴帶來的。」

派羅有點沮喪的繼續往前走，然後「啊！」他說：「來了一個知道的人了！牧師！你知道小孩子從哪兒來的嗎？」

「當然，我的孩子，」牧師回答：「天堂的神派他們下凡的。」

「狗屎！」派羅大喊：「這個村子裡有人在做愛嗎？」

小孩過早變成有性欲的，然後你會發現八十歲的老人還在追求女人。兩者都處於不自然的狀態。

道相信完全的自然。它不反對性，它反對性欲，因為它知道如果性欲沒有進入到你的生命中——那表示如果性扭曲沒有進入到你的生命中——如果沒有人教你反對性，就不會有性扭曲。是因為你們的聖人、道德家和清教徒使你們變成性扭曲的——小孩子和老人，全部。如果性能不受到任何道德教導的干擾，那麼有一天，小孩會在大約十四歲的時候變得性成熟的，有一天，在四十二歲的時候，他會超越性。到了那時候，他會了解那只是小孩子在玩耍，夠了就是夠了。那個超越將會是美麗的。任何自行發生的事都是美麗的，因為它來自於道。然後憤怒將不會出現在你的頭腦，貪婪也不會出現。

人無法做到這些的原因是因為他們的頭腦不是清晰的，他們的慾望並沒有受到約束。

靜心帶來清明和某種內在的戒律。關於「靜心」，道的意思是看著你的頭腦和它的運作方式。

有著超越慾望的力量的人，向內看，並注視著頭腦……

葛玄認為這就是靜心的定義：

……向內看，並注視著頭腦……

只要靜靜的看著頭腦全部的過程——思想、記憶、想像、夢想和慾望——然後產生了一個領悟：

…在頭腦中，頭腦並不存在…

這句話是非常重要的。當你清楚地、寧靜地看著頭腦，頭腦會開始消失。更多的觀照，頭腦就越少。只有百分之一的觀照，就會有百分之九十九的頭腦。有百分之九十九的觀照，就只會有百分之一的頭腦。百分之百的觀照，那麼頭腦裡面就不再存在著頭腦。所有思想會離去，頭腦將會是絕對的空。在那個空裡面，道進入了，道湧進來了。你已經為它創造了適合的空間。

…向外看，並注視著外形…

然後你將能向外看。首先向內看，讓頭腦消失，達到了清明，然後向外看。

…向外看，並注視著外形…

然後對著外在的形態靜心：樹木、雲朵、星辰、月亮……

……了解到在外形中，外形並不存在……

然後你會驚訝的看到波浪不在那兒，只有海洋在那兒。在外形中並不存在著外形。樹木不在那兒，而是生命在那兒以數百萬種外形表現它自己，但是不受任何外形的限制；它是無形的。

……看著遠方的物體，並注視著它，他了解到在物體中，物體並不存在。

這也非常的重要。一直到現在，現代物理學家才知道物質並不存在，但是道已經談論了五千多年：

……在物體中，物體並不存在。

如果你可以靜心，從向內看開始，然後向外看，然後深入的看著物體，看著它們最深處的核心。首先頭腦會消失，然後外形會消失，再來是物體會消失。那還剩下什麼？那個剩下來的就是道，就是自然。活在那個自然中就是活在自由中，就是活在永恆的喜樂中。

「道」是葛玄用來代表神的字。「達摩」是佛陀用來代表道的字。佛陀說：AIS DHAMMO SANANTANO——這就是永恆的法則。一旦你能了解永恆的法則，你就成了永恆的一部分。超越了時間，超越了空間。你不再存在，但卻是你首次存在。你不再以分離的實體存在，而是你首次成為整體。

這也是我的看法。我是完全同意道的。我對其他宗教無法這麼說；但是對於道，我可以毫不猶豫的這麼說。道是這個地球上最深奧的洞見。

第十章
對生命說是

第一個問題：

奧修，為什麼我不能對自己說是？我感覺到我所有的痛苦都根植於這個無能為力的狀態。

阿南德雷那塔，它是其中一個最大的問題。每個人都必須面對它，因為直到現在，整個社會都一直建立在譴責自己的基礎上。所有宗教、社會、文化都在你裡面創造了一個很大的罪惡感，也就是你不是你所是的。它們給了一個完美的典範，要你去達成那個不可能的。它們快要把你逼瘋了。

完美主義是造成所有神經病的原因。沒有人是完美的——沒有人需要是完美的；生命是美麗的，因為一切都是不完美的。完美是死亡；不完美是生命。是因為不完美而使得成長是可能的。如果你是完美的，那就不會有成長、不會有變動。那麼將不會有什麼事發生在你身上；所有該發生的都發生了。你已經完全的死亡了。

因此我才說神是最不完美的現象，因為神是存在不斷進化的最大原因，而進化和完美是反對彼此的。因為這樣，所有宗教都在反對進化的概念。基督教大力譴責達爾文和他的理論。理由是：基督教相信完美的神，完美的神只會創造完美的世界。完美的造物主怎麼會創造出不完美的東西？所以不會有進化的可能。如果進化的可能性被接受了，那這個世界和一切萬物，都是不完美的，那麼最終會得到一個邏輯上的推論，也就是造物主是不完美的。

沒有宗教有勇氣宣稱神是不完美的，但我要宣稱神是不完美的，因為不完美的意思就是進化，不完美的意思就是生命，不完美的意思就是流動和成長。神是無止盡的不完美；祂永遠不會變成完美的。一旦祂變完美了，整個存在將會消失，進入到非存在裡。

但是因為這個完美的神的概念，好幾世紀以來，我們一直在試著是完美的，這造成了兩種結果。一個是：如果你是單純、天真的人，你會開始嘗試達到完美，然後你會變成神經病。你永遠不會達到完美，因此你會攜帶著巨大的罪惡感。它會壓垮你，它會摧毀你生命中的所有喜悅，它會毒害你。它不允許你去慶祝、去唱歌、去跳舞。它是自殺。或者，如果你不是天真、單純的人，如果你是狡猾、聰明的人，那麼你將會變成偽君子。你會談論完美；那會是表面上的，一個面具，你藏在面具後面，持續是你所是的。

兩者都是醜陋的現象。發瘋、變成神經病、被罪惡感驅使是醜陋的；變成一個偽君子是醜陋的。但是你所謂的宗教沒留給你其他選擇：它們都在談論「是」，但是它們都在教你說「不」。它們都認為它們是有神論的——它們都是無神論的，因為對我而言，無神論意指一個深植的「不」，有神論意指一個對生命基本的肯定。有神論和神無關，無神論也不和否定神有關。有神論是對生命所有的不完美說「是」，如它所是的，沒有條件的說「是」，不求回報的說「是」。對我而言，無神論意指對生命說「不」，對它所是的說「不」，並試著要讓它更好，更完美。

雷那塔，你說：為什麼我不能對自己說是？

因為你被告知你是錯的，你只是一個罪人。你做的每件事都是錯的，你想的每件事都是錯的——你要如何對自己說「是」？你一直被灌輸理想的概念和應該：「你應該像這個，像那個……」然後你繼續把自己和那些愚蠢的理想比較。當然，你會非常不合標準，當你非常不合標準。你會開始對自己感覺到一個深深的「不」，你想要摧毀自己；你無法愛自己。

你一直被告知去愛人，但是你從未被告知去愛你自己。然而除非你從一開始就是愛自己的，你才會去愛別人：如果你不愛自己，你就無法愛世界上的其他人。愛你自己，你會學到愛的藝術。如果你可以愛自己所有的不完美，你就能愛其他人和他們的不完美。如果你無法愛自己和你的不完美，你如何能愛別人和他們的不完美？你會恨他們！

父母恨他們的孩子，孩子恨他們的父母，妻子恨她們的丈夫，丈夫恨他們的妻子，原因是他們看見了不完美。每個人都在尋找一個完美的人，但是你不會在任何地方找到一個完美的人，除了有些笨蛋聲稱他們是永遠正確的、完美的。波蘭教皇約翰波爾，他是絕對正確的！教皇是絕對正確的。他們代表了神——他們怎麼會犯錯？在印度，賽巴巴聲稱他是絕對正確的。現在，對我而言，這些人都是十足的笨蛋！他們甚至不知道任何禮儀和規矩；他們沒有任何智力可言。否則他們就會了解——那是非常簡單的。但這都是因為傳統。

印度的耆那教聲稱馬哈維亞是全知的。對這樣的概念，佛陀一笑置之。他是一個有智慧的人，一個非常具穿透力的智慧，但他從未聲稱他是絕對正確的。不會有任何智者這樣做。對於馬哈維亞是全知的概念，佛陀一笑置之。關於這點，我們不知道馬哈維亞自己的說法，因為根據耆那教的說法，馬哈維亞一直是沉默的，他從未說過任何話。有些人會根據他的沉默來解讀他是什麼意思。我無法想像他會表示過他是絕對正確的。一個像馬哈維亞這樣具有非凡智慧的人不可能會這樣做。

佛陀說：「我聽說：馬哈維亞在某個早上去散步，他不知道他沿著一隻狗的足跡走著，直到狗叫了起來，他才知道有一隻狗在那兒——因為那時候的早上，天色還很暗。而這是所謂知道過去、現在和未來的全知者，但是卻不知道他在沿著狗的足跡散步！」

佛陀說：「我知道馬哈維亞有很多次都站在無人居住的的房子前面行乞；房子已經空著好幾年了。直到有人告訴他：『這房子是空的，沒有人住在這兒。』他才會去下一間房子行乞。」

而他的跟隨者聲稱他知道過去、現在和未來，他知道一切，他是全知的、他是全能的、他是擁有無上權力的。但是他一輩子都在忍受胃病，他死於胃病——可能是像胃癌的某種病，那個時候還不知道什麼是「癌症」——而他被認為是全能的、全知的：擁有神的所有品質。但這些都是他的跟隨者所聲稱的。我可以理解：跟隨者都是蠢人，否則他們何必要跟隨？

我在這兒沒有任何跟隨者。你們都是我的朋友。我不要任何跟隨者，因為我不要和笨蛋一起生活！

但賽巴巴聲稱他是絕對正確的，他知道一切，他從未出過錯，他也無法出錯。現在這些人是另一群瘋子，自我的瘋狂莫過於此。

完美是不可能的。你是不完美的，不完美並沒有錯；事情只能是這樣。一旦你接受了你的不完美，你就接受了你的人性，在那個接受中，「是」會出現。然後你就能愛你自己，你也可以愛別人，因為他們跟你一樣都是不完美的。

雷那塔，你仍在試著依照你父母灌輸給你的觀念去生活。幾千年來，父母都是用這樣的方式毒害了他們的小孩；那個毒害仍會繼續著。一旦一個小孩被毒害，那從一開始他就會以為那是他自己的想法。它如此的根深蒂固——它深入到你的本質裡——以致於你完全忘記那是被從外面植入的。然後你會試著依照那個概念生活。你是無法做到的，而且它會弄亂你的生活。

有一個印度朋友問：「奧修，一切都是因為神的意志而運行，甚至是一株小草……」他原本說的話是：

第二個問題：

奧修，當你說連一株小草也是因為神的意志而運行，那為什麼這裡有這麼多金屬

探測器和安全措施？

發問者是柏拉卡許辛格瑪胡邦。那是因為神的意志！如果小草不能運行，那金屬探測器又怎麼能運作？這道理如此簡單！如果連一株小草都不能運行，那這些安全措施又怎麼能運作？但是他以為他問了一個非常聰明的問題。他一定以為他問了某件無法回答的事。

你不了解神，也不了解祂的意志，但是你繼續重覆那些陳腔濫調。你聽到這些東西，然後就開始像留聲機一樣的重覆播放它們。你不了解這其中的荒謬。如果這是你的了解，就不會出現這樣的問題。如果這是你的了解，那這個問題會是完全無意義的。但這不是你的了解；是別人把它植入到你裡面。所有的父母都在這樣做，我不是說他們知道他們在做什麼；他們跟你一樣是無意識的。這個想法是被別人、他們的父母等人植入到他們裡面的。但是你必須跳脫這個惡性循環。

雷那塔，你的名字非常的美——它的意思是重生。在這兒和我在一起，你將必須經歷一個重生的過程，第一步就是拋棄所有被強加到你裡面的概念。玫瑰之所以美麗的的原因是，它們沒有攜帶著它們的大小必須和蓮花一樣的想法；否則它們會很痛苦，它們會停止成長——它們會因為感到羞恥而畏縮，為自己感到羞恥。它們是美麗的、充滿芬芳的，原因是無論它們是什麼，它們就是它們所是的。金盞花不會擔心它們不是玫瑰花。即使是一株小草也不會因為無法成為像黎巴嫩西洋杉一般的大樹而感到羞恥。它們非常滿足於它們所是的。

有個人去找一個禪宗和尚，他問說：「你為什麼總是如此喜樂？但是我卻沒辦法如此快樂？」

師父說：「等其他人離開之後我再回答你。」

這個人一直等著，因為人們來來去去，師父沒有任何單獨的時候。他感到非常疲累和不耐煩，有很多次他都想直接離開，因為「什麼時候才會沒人？人們一直來到。」

但是到了傍晚，當太陽開始落下，每個人都離開了，只剩下他和師父。他提醒師父：「現在請告訴我。」

師父說：「看窗户外面。你有看到這棵大樹嗎？」

他說：「是的，我有看到。」

然後師父說：「你看到樹旁的小草叢嗎？」

他說：「是的，我有看到。」

師父說：「我從未聽過小草叢對大樹說：你為什麼如此巨大而我卻如此瘦小

？那就是大樹和小草叢都很快樂的原因。大樹是巨大的，小草叢是瘦小的，但是那又如何？兩者都是獨特的。它們不會互相比較——而且它們靠在一起。十五年來，我一直想了解為什麼它們不會互相比較。因為它們是滿足的；兩者都很滿足。」

「你不快樂是因為你在比較，你活在比較中。我快樂是因為我拋棄了所有的快樂；我只是接受我所是的。那就是我的秘訣。」

你不斷的比較。某個人比你美麗，某個人的雙眼比你美，某個人的頭髮比你美，某個人比你強壯，某個人似乎比你聰明，某個人有某些東西，諸如此類……這不會結束！你會變得越來越痛苦。

而你一直被告知：「像耶穌一樣。」「像佛陀一樣。」「像克理虛納一樣。」你會很痛苦。佛陀從未試著要跟克理虛納一樣，那就是他快樂的原因。克理虛納從未想要像任何人，那就是他快樂的原因。耶穌從未想要像摩西一樣，那就是他快樂的原因——即使被釘在十字架上時，他也是快樂的。而你卻不斷試著想成為某個人。

這些想法必須被拋棄；它們必須被完全的摧毀。然後，雷那塔，一個深深的、全然的「是」會從你的存在中出現。它會用巨大的滿足填滿你。

對我而言，這就是宗教。這個「是」會填滿你全部的存在，從你裡面溢滿出來，這就是宗教。現在你裡面充滿了一千零一個「不」；對每件事都是「不」，那就是為什麼你的生活就像地獄一樣。你必須保持警覺，因為你必須擺脫所有父母、社會和教會塞在你裡面的垃圾。如果裡面有某些東西被拿走，你會感到受傷，因為你一直相信它們；它幾乎已經變成你的血液、骨頭和骨髓的一部分。那會讓你感到受傷，雖然它只不過是膿而已，但是拿走它會使你感到受傷。

有個老女人在美國成為桑雅士；她一定是因為錯誤的原因而成為桑雅士。很多人成為桑雅士都是因為錯誤的原因。但是只有當他們對於桑雅士的想法和我對桑雅士的定義產生抵觸時，他們才會知道。她寫了一些美麗的信，非常詩意的。她成為我的桑雅士的原因是，她看了我談論耶穌的書。「芥菜種子」這本書深深的感動了她。但不是因為我，而是因為耶穌。她變得對耶穌說的真理深信不疑，而因為我的書幫助了她，於是她愛上了我。

就在昨天，她的信寄到了。她非常困擾：現在要怎麼辦？因為她在某些錄影帶中聽到我說，在古代的時候，那時候有用繩子固定的卷軸，書面的紀錄，裡面談到耶穌的外表是個醜陋的男人，他的高度只有四呎五吋，不只如此，他還有駝背和令人噁心的長相。她感到震驚。現在她說：「我想回到我過去知道的耶穌。

我不想再當一個桑雅士了。」現在對她而言，是一個擺脫制約的好機會。她錯過了。回去只會讓她跟過去一樣。一道門開了，她卻轉頭離開。

你們裡面有很多人在這兒是因為錯誤的理由，如果你們是因為錯誤的理由在這兒，遲早會遇到困難。我將會干擾到你，干擾到你所有的夢和理想。我會在你裡面放炸藥！我全部的工作是由破壞所組成。一旦我摧毀了你一直攜帶的理想，一旦我使你擺脫所有你從別人那兒學到的胡說八道，一旦我使你免於制約，然後你就能對你自己說「是」。

每棵樹都對它自己說「是」；每隻動物，每隻鳥都說「是」。不需要別人教。「不」是被教的；「是」是自然的。「是」是道的一部分；「不」是一個制約。

雷那塔，你的感覺是對的：我感覺到我所有的痛苦都根植於這個無能為力的狀態。

那是對的。那是一個美妙旅程的開始；你已經走在正確的方向了。現在繼續往裡面走。它會是費時的、費力的、極度痛苦的；在狂喜發生之前，你必須經歷過很多痛苦。那是我們必須付出的代價。然而一旦你鼓起勇氣，拋棄所有過去──基督教、印度教、回教、耆那教、佛教──一旦你解除了制約，你的生命變成了一個流動，一個美麗的流動。然後海洋就在不遠的地方。河流並不用地圖或導遊才能到達海洋。每條河都自然地、自發性地抵達。那就是道的方式。

第三個問題：

奧修，我不想要成為桑雅士，因為我相信靠自己的哲學。你怎麼說？

安傑羅，你為什麼要問我？靠你自己！有什麼必要去知道我的意見？如果你不想當桑雅士，那為什麼會有這個問題？你裡面一定藏著一個想要成為桑雅士的強烈欲望；否則，這個問題是不重要的——根本不會有這個問題。這個問題的出現表示你裡面有一個想要跳的渴望。但是你害怕去接受這個渴望，你試著合理的告訴自己你可以靠自己做到，你試著壓抑一個日益強大的欲望。

桑雅士的意思是做一個量子跳躍，跳向那個未知的。頭腦生活在已知的；它在已知的範疇內移動。它來回地移動，一圈一圈的；反覆不斷的。它無法和任何新的、未知的、不可知的事物交流。桑雅士是一個跳躍。就像是蛇脫掉皮一樣。你一定是對自己老舊的皮感到厭倦，你一定是拖著它。你一定看到人們在歡慶他們的重生。那個渴望一定在你裡面出現：何不一跳？

但是少了勇氣。欲望在那兒，勇氣不在那兒。但是你想否認那個欲望，因為沒有人想承認自己是一個懦夫。最好是否認那個欲望；這樣你就能避開你是一個懦夫的想法。如果可能的話，每個人都想要欺騙別人和他自己，說自己是一個勇敢的人——如果一個人想要做某件事，他就會去做：「但是我一開始就不想做這件事。那正是妨礙我的原因，否則沒有人可以阻止我。」

那你為什麼要問？這個問題從哪兒來的？我沒有要你成為一個桑雅士。我甚至不知道你在這兒。你大可離開而不讓任何人知道，也不用問問題。如果你無法鼓足勇氣，至少誠實點，承認你是個懦夫。

欲望就在那兒。不要壓抑欲望，因為鼓起勇氣的第一步就是承認你的懦弱。一旦你承認了，它就開始死去。它還在那兒的原因是它沒有被承認。一旦在承認之光的照耀下，它就活不久了；但是如果它存在太久，就不可能去承認它。

你說：我相信靠自己的哲學。

你要怎麼做？你打算做什麼？你對桑雅士一無所知。它是一個全新的概念。在人類歷史上還沒出現過。是的，曾經有過印度教的和尚、佛教的和尚、基督教的修士、耆那教的和尚，但是他們都是否定生命的。

我的桑雅士是肯定生命的。在地球上還沒綻放過這樣的花朵。它是一個全新的現象。所有關於桑雅士的想法都根基於逃避現實和棄世。我的桑雅士和逃避沒有關係，它是反對逃避的。因為對我而言，神和生命是同義的。從沒有人這樣說過。神一直被認為是反對生命的：你必須拋棄生命以便達成神。我要對你們說，如果你們想知道神，你們必須全然地生活，盡可能強烈地生活，盡可能熱情地生活，因為生命就是神。

對我而言，神不是一個人；它是生命能量的另一個名字。來自遠方的布穀鳥的叫聲，這就是神。你的寧靜，這就是神。鳥兒啾啾叫著，這就是神。神不在「某個地方」，神到處都是。事實上，「神」不是正確的字；但是我們的語言都著重在名詞——他們總是把動詞改成名詞。

我在這兒的努力剛好相反：把每個名詞改成動詞。沒有像人一樣的神，但是有神聖——一種品質，一種芬芳，一種經歷中的；活生生的，綻放的，不受限的。

你不知道它是什麼。那你要如何去做它？是的，我聽說過靠自己的哲學⋯

接近復活節的時候，紐約時報登了一篇廣告：「只要五千元就能在家過復活節！」

瓊斯先生寄了五千元過去，他收到一個包裹，裡面有：一盒指甲、兩塊木柱，一把三英呎的尺，一把一百八十公分的尺，和一個三十三歲的金髮猶太人偶。

安傑羅，你打算靠自己做什麼？你甚至不知道它的來源。你需要成為佛境的一部分。你需要成為有很多人成長的地方的一部分。獨自待在沙漠不會使你開花；你會需要成為花園的一部分。

這裡是師父的花園，有很多棵樹在成長，將要開花結果。你裡面的種子將會開始產生一個極大的自信：「如果它可以發生在別的種子，如果這個奇蹟是可能的，那麼它對我而言也會是可能的。」

它只會在某個社區才有可能。那就是為什麼所有的成道者都會創造出社區，因為這樣你就能了解什麼是有可能的，你可以看到處於各種階段的人們：剛開始的人，已經往前走了一點的人，已經走了很遠的人，幾乎達到終點的人，已經開花的人。

當種子看到這些，它會變成有自信的。否則對自己的懷疑還會存在：「誰知道我是否會有這個潛力？」

成為一個桑雅士的意思只是落入一種同步性中。音樂家很清楚這點。你可以做個小實驗。在一個空的房間，完全的密封住房間。在房間的一個角落，一個完全空無一物的房間中，放一把西塔琴，然後你坐在它的正對面，開始彈奏另一把西塔琴。你會很驚訝，當你開始演奏你的西塔琴，另一把西塔琴，放在正對面的角落——沒人在演奏它——開始落入一種同步性。它的琴弦開始震動；它開始創造出某些聲音。這是眾所皆知的事。如果音樂家真的很厲害，他甚至能彈奏另一把西塔琴，他連碰都沒碰到的西塔琴。但是另一把西塔琴發生了什麼事？充滿整個房間的震動被它抓住了。

當一個社區住著一個師父，那兒會有一定的震動——對那些敏感的人而言、對那些覺知的人而言、對那些帶著愛的人而言、對那些圍繞在周圍的人而言、對那些給出承諾的人而言，它是可觸知的；對那些不只是局外人或在一旁觀察的人而言是可觸知的；對那些不只是站在一邊，而且試著要看看什麼在發生，並鼓足勇氣要成為它的一部分的人而言是可觸知的。然後你的心開始和師父的心同步。在那兒有數千顆心以同樣的旋律運作著、跳動著，你無法抗拒那個誘惑。這是往那個未知的不斷成長的唯一方式。桑雅士是一個神秘的旅程。

還有，安傑羅，在你平凡的、無意識的狀態下，你無法靠自己做到。

四個喝醉的義大利人蹣跚的走進一間喪禮接待室。在胡言亂語將近半個小時後，他們其中一個人倒在一架鋼琴上。

「棺材在這兒，」他對他的朋友說。

另一個人盯著鋼琴看著。

「你認識那個死人嗎？」第一個問。

「不，」另一個醉漢說：「但是他一定有一對很棒的牙齒！」

安傑羅，你是個義大利人……忘掉所有和靠自己有關的一切！

兩個義大利人在喝了一個晚上的酒之後打算要回家，他們發現最後一班到羅馬的巴士已經離開了。在蹣跚的走了一陣子後，他們驚訝的發現一個大廳裡面停滿了巴士，然後其中一個人說：「你何不進去偷一輛巴士。我在街上替你把風，看看是否有警察來。」

第一個人同意了，消失在大廳裡。很快的，傳來一陣可怕尖銳刺耳的聲音、碰撞聲和東西砸碎的聲音。就這樣持續了半小時，然後門被撞開，一輛巴士開了出來。

「你為什麼花了這麼久的時間？」在外面把風的人大喊。

「喔，」另一個回答，「到羅馬的巴士都停在後面！」

第四個問題：

奧修，你為什麼永遠不結婚？

迪倫卓，因為我不是瘋子！

耶穌站在一面全身鏡前欣賞著自己的面龐和清澈的雙眼。他撥開長髮，抹了點油並把頭髮弄成辮子。然後他修了眉毛，並梳了他金色的八字鬍。

瑪麗看著他：「我的孩子，」她嘆了氣：「你是如此英俊…你真的應該結婚的！」

「我？結婚？」耶穌大叫：「我寧願被釘在十字架上！」

第五個問題：

奧修，你的笑話令我害怕和困惑。請告訴我一些佛陀談過的關於神的話語。

附註：我明天要前往義大利。謝謝你。

阿南德撒特揚，我能了解——笑話是危險的。那就是為什麼在我之前，沒有師父曾經碰過它們。但是我愛危險。如果你可以允許它們進入你最深處的核心，你會發現笑話有一個巨大的美。沒有任何經典可以那麼深入，因為當你聽著經典，你會開始想睡覺。聽著經典很難使一個人保持清醒，原因是經典是嚴肅的、乏味的、就像沙漠一樣。你能看著沙漠多久？遲早你會打哈欠，因為一直到地平線的那一端——四面八方都被沙礫包圍著，景象是一成不變的。經典也是如此；它們就像沙漠。它們創造睡眠：它們的功能就像搖籃曲一樣。如果你有失眠的問題，那麼看點佛經或瑜伽經會很有幫助。只要看一點——你一定會睡著。當所有鎮定劑都失效時，經典卻成功了。

那就是催眠師在做的：他只是在重覆念誦特定的經典。不斷重覆任何事都會創造出無聊，以致於你必須逃避它。而最容易的逃避就是睡眠。

穆拉那斯魯丁承受著失眠的痛苦。所有努力都失敗了——所有安眠藥，鎮定劑；都沒有用。他的兒女很擔心。最後他們找到一個催眠師：「不用擔心，我今晚就會來。」然後他來了，他只是開始重覆念誦：「你快睡著了…」

那斯魯丁躺在床上，閉上雙眼，燈被關上，催眠師不斷的重覆：「你快睡著了…你的眼皮變得越來越重，越來越重…你快睡著了，睡著了，睡著了…一個深深的睡眠接管了你…」

那斯魯丁開始打鼾。催眠師踮著腳離開房間。

他的兒女很高興。他們付了雙倍的費用，非常感謝他。他們進去察看。那斯魯丁睜開一隻眼睛說：「那個笨蛋離開了嗎？我快被他弄死了，因此我必須假裝睡著！鼾聲是假的。我假裝打鼾，這樣他就會離開了！」

經典是乏味的。那就是為什麼只有快要死掉的老人會去聽宗教的演講。你可以在所有的教堂或廟宇裡看到他們。

當人們來拜訪這個社區，他們很驚訝，在這兒看到很多年輕人。那是令人難以相信的，因為年輕人不被認為會待在這種地方。只有老人，快要死掉的，發臭的，帶著某種死亡的存在，才被認為會出現在這種地方。這麼多年輕人——這些年輕人在這兒做什麼？他們在這兒不是為了念誦經典，撒特揚。我在這兒是為了談論這些經典，他們在這兒不是為了這些經典。所以我們必須做些妥協：他們必須聽些經典，我必須說些笑話。他們會為了笑話而待在這兒，我在這兒是為了談論經典！如果我停止說笑話，他們會消失。如果我只能說笑話，那我不是必須的。我可以留下一個龐大的笑話收藏，提爾莎可以念這些笑話；我不需要待在這兒。如果你要我待在這兒，你就必須聽些經典，而如果我要你們待在這兒，我也必須說些笑話。這是可以了解的，這是一個合約。

笑話在某方面而言有很大的重要性。笑話不是簡單的現象；它們真的是神祕的，它們的機制是神祕的。你不知道笑話是怎麼運作的，它是如何深入到你裡面的，它是如何為你帶來歡笑的，它是如何為你帶來警覺的。它的機制是神祕的。

笑話的功能就像一個性高潮。很多笑話和性有關並不是偶然的。笑話本身就是性相關的，原因是笑話在你裡面創造出強化的能量，會有一個很大的好奇心想知道將要發生什麼事，因為一個笑話只有當某些事不期然的發生時才叫笑話，當它如此突然，以致於理性上你無法想到它；它是無法想像的。它的發生如此快速，如此突然以致於它沒給你足夠的時間去思考。因為沒有時間思考…頭腦需要時間。笑話一直往南方走，突然間它朝向北方走：你的頭腦一直朝著南方走，但笑話突然轉向北方以致於頭腦停止了。在那個停止中會有一個寧靜的經驗、靜心的經驗。

同樣的情況發生在性高潮：某個能量被累積在你裡面，一個緊張被累積在你裡面。你繼續向上移動，向上，向上，然後突然一個放鬆，一個突然的釋放。它如此突然——它發生在一瞬間——頭腦停止了，頭腦消失了一個片刻。頭腦是無法想到的。頭腦需要時間。

如果你了解笑話，你會錯過整個要點。如果你可以了解它要怎麼進行，它會結束在哪個理性的盡頭，那它對你而言將不會是一個笑話。你從一開始所了解的將不會是結尾；結尾將會是完全無法預料的。

那是笑話的美；它衝擊了你，震動了你，它把你弄醒。當有一個美麗的笑話被說了出來，要繼續熟睡是不可能的。

佛陀繼續告訴他的弟子：「醒來！」有什麼必要？我只要說個笑話，然後他們就醒來了！那是更存在性的。

一架載著二百四十位乘客的飛機預計降落在加州，但是某個引擎卻發生了問題。飛機確定將會墜機，於是機長把這個悲哀的消息告訴了所有的機組人員，並要他們穿上降落傘跳下飛機。

一個年輕的空少問機長：「長官，乘客怎麼辦？」

「去它的（fuck）乘客！」機長回答。

空少回答：「什麼！我們有足夠的時間嗎？」

你說：你的笑話令我害怕⋯⋯

因為它們一定打擊到你內在裡的很多事。你一定以為宗教是嚴肅的。它不是——至少我的宗教見解是完全不嚴肅的。我的宗教深植於玩樂和不嚴肅；真誠，那是當然有的，但是嚴肅，永遠不可能。我的宗教是歡笑和愛。它不是棄世，它是慶祝。

我完全不關心神，你問我關於佛陀談到神的話語。事實上，佛陀從不相信神；他沒有任何關於神的經典。佛陀是無神論的：他從不相信神。佛陀沒有幼稚到去相信有一個創造出這個世界並住在天堂的天父。這些都是小說和童話故事。

聖彼得每個月都會和魯西華會面，以便分攤剛來到的靈魂。

「你叫什麼名字？」聖彼得問。

「馬克思，」一個留著白鬍子的靈魂回答。

「啊！你是無神論者。你得去地獄。」

到了下個月，聖彼得很驚訝，魯西華遲到了。這種情況從未發生。幾個小時後，魯西華驚恐的出現——他的一個角斷了，他的尾巴被燒傷了，他的臉色蒼白。

「你怎麼了？」聖彼得問。

「我的天！那個馬克思，你知道他嗎？他創造出非常糟的地獄！他開始抱怨哪兒太熱了，哪兒的氧氣將會不足，對健康不好。總而言之，在幾次罷工、抗議和示威運動後，我必須裝設空調，在拷問區的休息時間提供按摩，還有設置恆溫系統以便加熱系統可以受到控制！彼得，我虧本了。幫助我吧！下個月可以讓你處理他嗎，讓我有些私人空間？」

「什麼！讓馬克思待在天堂！你瘋了嗎？」

「就當為了我，彼得！記住，我們會是永遠的朋友！」

「不行！」聖彼得回答：「馬克思和所有天使和聖人相處！你能想像嗎？」

「只要一個月，彼得，拜託。」

「喔，好吧。因為你是我的朋友，我會留下他——但是只有一個月！」

到了下個月，聖彼得和魯西華都準時到達。魯西華關心地問：「所以，彼得，最近如何？」

「噢，很好，謝謝，魯西華。」

「很好？那馬克思呢？」

「噢，那個馬克思！是個好傢伙！」

「你的意思是他沒提出任何抗議？」

「噢，完全沒有！我們有很多次愉快的會談。他是個文明人。」

「真的？那天父怎麼說？」

「噢，拜託，魯西華，你知道天父根本不存在！」

撒特揚，佛陀沒說過任何關於神的話。他是全世界第一個成熟的、宗教性的人。他的談論是成熟的，不是幼稚的。

你說：我明天要前往義大利……

那麼如果你能帶著這個笑話跟你一起離開會是好的：

兩個來自西西里島的鄉下男孩去拜訪住在紐約的堂哥。到了第三天，他們被帶去參觀紐約鬧區，途中不知為何突然和堂哥走散了。找了他好幾小時後，他們終於停在一個警察局前面。

「拜託，警察先生，可否請你找到我們的堂哥？」

「他叫什麼名字？」警察問。

「吉諾。」

「姓什麼？」

「不知道。」

「他住哪兒？」

「紐約。」

「他的長相？」

「像個男人。」

「你們在哪兒和他走散的？」

「不知道。」

「他有什麼特徵嗎？扁鼻子？一隻眼睛？這一類的？」

這兩個男孩努力的想著，悲傷的搖了搖頭。然後其中一個男孩慢慢的高興了起來，他說：「啊，先生，他有兩個屁眼（assholess）！」

「兩個屁眼！」警察大喊：「你確定嗎？你怎麼知道？」

「喔，」男孩回答：「每次我們去吃義大利麵或是去狄斯可跳舞，他的朋友都會說：看！吉諾帶了兩個傻瓜（assholess）！」

撒特揚，去義大利，但是快點回來，因為所有義大利人都來這兒了！義大利所有可愛的人都消失了；他們都在這兒。

就在某天，我在看一份義大利的新聞報告，裡面提到有很多年輕人，年輕的男人和年輕的女人，都從義大利消失了，政府開始關心這件事，他們發生什麼事了。他們不用擔心，他們不用去任何地方找那些年輕人，他們可以來這兒——那些年輕人都在這兒！那些年輕人可能已經到了，或者還在路上，但是他們都將停留在這兒。你要去那兒做什麼，撒特揚？快點回來——越快越好！

你會覺得義大利不再像義大利。我們已經有一個迷你的義大利了，而且是更多汁的！慢慢的，我的笑話會讓你不再做傻事；它們會幫你離開你的混亂。沒有比笑聲更健康的事了，沒有比笑聲更理智的事了。笑聲是生命非常需要的。

我要我的桑雅士成為一個歡笑的桑雅士。我要全世界知道我的人是歡笑的人、跳著舞的人、唱著歌的人。我不要任何悲傷的人在這兒、我不要看起來嚴肅的人在這兒。我不要任何悶悶不樂的人在這兒。是的，當你來到時，你是悶悶不樂的，但是之後我會打擊你，遲早你會失去你的面具——因為那只是一副面具。

沒有小孩生下時是悶悶不樂的；每個小孩都帶著笑聲出生，帶著準備要爆發的、極大的喜悅而出生。我們摧毀了他的喜悅。我在這兒的努力是要再次釋放那個喜悅，再次為你帶來童年。

第六個問題：

奧修，

我以為我知道，

如果我知道，

你給了如此多，

那個狂喜的痛苦，

會殺了我。

切塔那，太遲了！你已經被殺了，但是你總是很晚才知道，工作早已結束了。我進行手術的方式，只有當你開始失去你多餘的東西、扁桃腺、頭部和一切，然後你才發現到：你已經是一根中空的竹子！

現在切塔那是一根中空的竹子。現在他準備好了。現在整體可以透過他唱著任何歌。唯一重生的方式就是被處以十字架刑。

東方的經典說師父是死亡，它們是對的。師父是死亡，但是那只說出了一半。另一半是，師父也是復活。

第七個問題：奧修，我的心在哪兒？

普里姆帕卡加，這是一樣的問題。我已經拿走了！現在你永遠找不到了。一切都必須被拿走，因為所有你裡面攜帶的——你的頭腦、你的心——都只是垃圾！你也許把它稱為古董家具；但我稱它是垃圾。我對古董完全沒興趣；我只對全新的東西有興趣。

慕克塔想要為我帶來一輛古董勞斯萊斯。我說：「慕克塔，我對古董完全沒有興趣！」

她說：「奧修，它是非常美麗的！那是一九三九年的車款，鑲金的，」諸如此類。

我說：「忘了它！我只對最新的東西有興趣。」

現在席拉要為我帶一輛林肯房車。我告訴她：「我要一九八一年的車款。」

她說：「奧修，我要去哪兒找到一九八一年的車款？現在是一九八零年！」

我說：「妳試試看！等妳找到了，它會是一九八一年的！」

第八個問題：

奧修，我非常沒耐心，我想要知道神，但是我不想浪費時間去找到祂。你可以告訴我一條捷徑嗎？

有一個年輕人去拜訪一個令人尊敬的師父：「要花多久時間才能成道？」

師父說：「十年。」

年輕人脫口而出：「要這麼久？」

師父說：「不，我弄錯了。需要二十年。」

年輕人問：「你為什麼又把時間增加了？」

師父回答：「仔細想想後，你的話可能要三十年！」

達米許，沒有任何捷徑。如果你沒有耐心，你將永遠找不到。耐心是唯一的方式，如果你是十足有耐心的，你現在就能找到。對於探詢宗教性、尋找真理、尋找神、尋找涅槃，這是最大的矛盾：如果你是沒有耐心的，你將必須等待，直到永遠。令人尊敬的師父一定是一個非常有禮貌的人；他只說需要三十年。但是我要告訴你實話，如果你是沒有耐心的，你將必須永遠的、永遠的一直等待下去。如果你是有耐心的，全然有耐心的，那麼即使是現在也有可能——就在這個片刻，此時此地！

不要詢問任何捷徑，達米許。沒有任何捷徑；對於真理，不可能有任何捷徑。你不能讓它是容易得到的。而耐心的意思是愛，因為只有愛是有耐心的。愛可以等待——愛知道如何等待。它可以永遠等下去，也因為它可以永遠的等下去，所以它擁有在當下去接受禮物的能力。

兩個學生在聊天。其中一個自誇說他跟所有認識的女人都上過床。「你如何讓這麼多女人願意這樣做的？你的訣竅是什麼？」另一個學生問。「喔，我是這樣做的。我會在我車子上的儀表板上畫個白色的圓。女孩通常都會問那是什麼。然後我們就能開始聊天。我會開始談論白色的意義以及所有和它相關的一切——童貞、純淨、正直。然後對話範圍會變得更廣。我們會談論聖人的純淨和譚崔瑜伽，諸如此類，那取決於你聊天的能力有多高強。只要利用白色的圓，然後從它開始。你不能把它弄得很複雜，那會很難開始。」

朋友聽了他的忠告並在他的汽車儀表板上畫了一個白色的圓，然後約了一個

關於靜心村

奧修國際靜心村

位置：位於距離印度孟買東南方一百哩外的普那市，奧修國際靜心村是一個與眾不同的假日勝地。靜心村座落在一個樹木林立的高級住宅區內，是一個擁有四十英畝大的壯麗園區。

獨特性：靜心村每年招待來自一百多個國家的數千位遊客。獨特的園區提供機會使每個人可以直接體驗一種全新的生活方式一帶著更多的覺知、放鬆、慶祝和創造性。全年提供不同的服務項目，以及每日不同的課程選擇。其中一個選擇是什麼事都不做，只要放鬆！

所有課程都是依照奧修對於「左巴佛陀」的見解——一種不同品質的新人類，能同時過著創造性的日常生活，及放鬆在寧靜和靜心中。

靜心：每日的靜心行程表，針對每個人提供不同的靜心課程，被動的和主動的，傳統的和革命性的，特別是奧修動態靜心，它是在奧修大禮堂一全球最大的靜心大廳中進行。

多元大學：針對個人的講習、授課和討論會，涵蓋了創造性藝術、整全健康、私人轉變、關係和生活變化、工作靜心、奧秘科學，以及用於運動和娛樂的「禪」的方法。多元大學成功的秘密在於所有課程都和靜心緊密的結合，人們可以了解到人類是整體的，而不是部份的。

芭蕉Spa：舒適的芭蕉Spa讓人們可以在圍繞著蒼翠樹木的露天場所下悠閒地游泳。獨特的風格、寬敞的浴池、桑拿、體育館和網球場…令人驚歎的設計更是提升了它們的美感。

飲食：各種不同的用餐區提供美味的西方、亞洲和印度素食一為了靜心村，它們大部分是透過有機種植而得。麵包和甜點則是在靜心村內自有的麵包坊進行烘烤而成。

夜晚的生活：多種晚間節目可供選擇一跳舞是其中的首選！其他活動包括星辰下的滿月靜心、各種表演、音樂演奏和每日靜心。

或者你可以只是在廣場咖啡廳裡享受和人們的聚會，或者在寂靜的夜晚漫步在童話故事般的花園中。

設施：你可以在購物廳購買生活所需的日常用品和化妝品。媒體廳則販賣各種奧修影音產品。還有銀行、旅行服務處和園區網咖。對於那些喜愛購物的人，普那提供了各種選擇，包括從傳統的印度民俗產品到全球知名品牌的商店。

住宿：你可以選擇住在奧修招待所裡的高雅客房，也可以選擇長期住宿的套裝居住行程。此外，附近還有各種不同的飯店和公寓可供選擇。

更多資訊請瀏覽www.osho.com/meditationresort

關於作者

奧修反對分門別類。他的數千種談論涵蓋了一切，包括個人詢問的問題，以及現今社會當務之急所面對的社會和政治議題。奧修的書不是書面文字的，而是根據他對國際聽眾所作的即席演講的影音紀錄所謄寫而成。如他所說：「所以記住：無論我說了什麼，那不只是針對你…我也是為了未來的一代而談。」倫敦周日時報說奧修是「創造二十世紀的一千個人」的其中一位，美國作家湯姆羅賓斯說奧修是「自從耶穌基督之後最危險的人」。印度周日午報說奧修是和－甘地、尼赫魯、佛陀－等十個改變印度命運的人。關於他的工作，奧修說他是在幫助創造一個誕生出新人類的環境。他常將這樣的新人類稱為「左巴佛陀」－可以同時是享受娛樂的希臘左巴和寂靜的喬達摩佛。如同一條聯繫著奧修各種書籍和靜心的線運作著，包含了過去各時代的永恆智慧以及現代（和未來）潛力無窮的科學和技術。奧修為人所知的是他對於內在轉變的科學的革命性貢獻，以及用於現代快速的生活步調的靜心方法。他獨特的奧修動態靜心設計，讓人先釋放出身體和頭腦累積的壓力，以便更容易在日常生活中體驗到寂靜以及無念的放鬆。

關於作者，有兩本自傳作品可以購買：*叛逆的靈魂*，［繁體中文／除大陸外，全球販售］；*金色童年*，［繁體中文／除大陸外，全球販售］。

國家圖書館出版品預行編目(CIP)資料

清靜經 / 奧修(Osho)著 ; 李奕廷譯. -- 初版.
-- 臺北市 : 旗開, 2012.12-
冊 ; 公分
譯自 : Tao, the golden gate
ISBN 978-986-89034-0-1(上冊 : 平裝)

1.靈修

192.1 101024628

欲了解更多資訊請瀏覽

www.OSHO.com

這是一個綜合性的多語網站，包括雜誌、奧修書籍、奧修演講的影音產品、英語及印度語的奧修圖書館資料文獻，以及關於奧修靜心的各種資訊。您也可以在這兒查詢奧修多元大學的課程表以及奧修國際靜心村的相關資訊。

相關網站：

http://OSHO.com/resort
http://OSHO.com/AllAboutOSHO
http://OSHO.com/shop
http://www.youtube.com/OSHO
http://www.oshobytes.blogspot.com
http://www.Twitter.com/OSHOtimes
http://www.facebook.com/pages/OSHO.International
http://www.flickr.com/photos/oshointernational

您可透過下列方式聯繫奧修國際基金會：

www.osho.com/oshointernational,
oshointernational@ oshointernational.com

奧修談清靜經(上)

原著：TAO：THE GOLDEN GATE VOL.1
作者：奧修（OSHO）
譯者：李奕廷（Vivek）
發行：李奕廷
出版：旗開出版社
地址：台北市南京東路三段201號3樓
電話：(02)2797-8935
統編：31855902
郵購：第一銀行007(內湖園區分行)　　帳號：158-10-012620
戶名：旗開出版社(郵購八折，10本以上免郵資)

經銷：紅螞蟻圖書有限公司
地址：臺北市內湖區舊宗路二段121巷19號
電話：(02)2795-3656
傳真：(02)2795-4100
印刷：普林特斯資訊股份有限公司

初版：2013年1月
定價：350元
ISBN：978-986-89034-0-1

Original title: ***TAO: THE GOLDEN GATE VOL. 1***, by Osho

This book is a transcript of a series of original talks by Osho given to a live audience. All of Osho's talks have been published in full as books, and are also available as original audio recordings. Audio recordings and the complete text archive can be found via the online OSHO Library at www.osho.com